民法典与日常生活

家庭篇

王康◎主编　李恒◎副主编

上海人民出版社

本书编委会

主　　　编：王　康
副　主　编：李　恒
其他撰稿人：唐　克　陈梦霞　张晓雪
　　　　　　刘　蓓　杜诗诗

1. 在丈夫车上装定位器，妻子有权要求丈夫"毫无保留"吗?
——配偶之间的人格侵权

　　《民法典》第 1043 条第 2 款规定："夫妻应当互相忠实，互相尊重，互相关爱；家庭成员应当敬老爱幼，互相帮助，维护平等、和睦、文明的婚姻家庭关系。"第 1032 条规定："自然人享有隐私权。任何组织或者个人不得以刺探、侵扰、泄露、公开等方式侵害他人的隐私权。隐私是自然人的私人生活安宁和不愿为他人知晓的私密空间、私密活动、私密信息。"（参见"案例编 1""热点编 1"）

2. 妻子擅自终止妊娠，侵犯丈夫的生育权吗？
——夫妻生育权冲突的解决

　　《最高人民法院关于适用〈中华人民共和国民法典〉婚姻家庭编的解释（一）》第23条规定："夫以妻擅自终止妊娠侵犯其生育权为由请求损害赔偿的，人民法院不予支持；夫妻双方因是否生育发生纠纷，致使感情确已破裂，一方请求离婚的，人民法院经调解无效，应依照民法典第一千零七十九条第三款第五项的规定处理。"《民法典》第1079条第3款规定："有下列情形之一，调解无效的，应当准予离婚……（五）其他导致夫妻感情破裂的情形。"（参见"案例编2"）

《民法典》第 997 条规定："民事主体有证据证明行为人正在实施或者即将实施侵害其人格权的违法行为，不及时制止将使其合法权益受到难以弥补的损害的，有权依法向人民法院申请采取责令行为人停止有关行为的措施。"（参见"案例编 3""热点编 1"）

4. 夫妻一方打赏主播，另一方能追回财产吗?
——夫妻共同财产制度

《民法典》第1060条规定:"夫妻一方因家庭日常生活需要而实施的民事法律行为，对夫妻双方发生效力，但是夫妻一方与相对人另有约定的除外。夫妻之间对一方可以实施的民事法律行为范围的限制，不得对抗善意相对人。"(参见"案例编7")

5. 婚后一方父母支付首付款、双方共同还贷的房屋，属于共同所有吗？——夫妻共同财产的认定

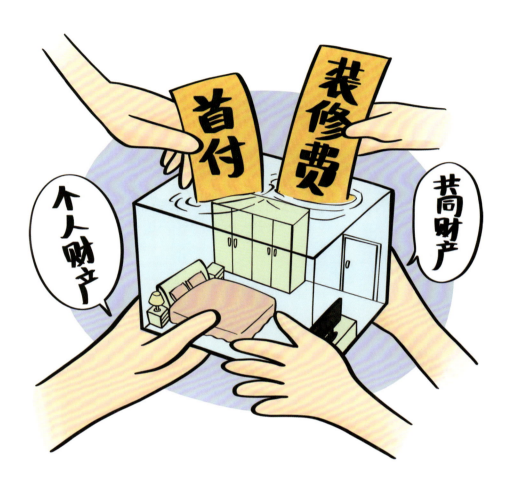

《民法典》第 1062 条规定："夫妻在婚姻关系存续期间所得的下列财产，为夫妻的共同财产，归夫妻共同所有……（四）继承或者受赠的财产，但是本法第一千零六十三条第三项规定的除外……"第 1063 条规定："下列财产为夫妻一方的个人财产……（三）遗嘱或者赠与合同中确定只归一方的财产……"（参见"案例编 11""热点编 4"）

6. 双方约定"不得提出离婚",这样的"保婚协议"是否有效?
——夫妻财产约定的效力

《民法典》第 1076 条规定:"夫妻双方自愿离婚的,应当签订书面离婚协议,并亲自到婚姻登记机关申请离婚登记。离婚协议应当载明双方自愿离婚的意思表示和对子女抚养、财产以及债务处理等事项协商一致的意见。"(参见"案例编 13")

7. 非法代孕龙凤胎，谁能成为孩子在法律上的母亲？
——亲子关系的特别认定

《民法典》第 1071 条规定："非婚生子女享有与婚生子女同等的权利，任何组织或者个人不得加以危害和歧视。不直接抚养非婚生子女的生父或者生母，应当负担未成年子女或者不能独立生活的成年子女的抚养费。"（参见"案例编 23"）

8. 成年子女"啃老"，父母有权拒绝吗？
——抚养子女义务的范围

《民法典》第 1067 条规定："父母不履行抚养义务的，未成年子女或者不能独立生活的成年子女，有要求父母给付抚养费的权利。成年子女不履行赡养义务的，缺乏劳动能力或者生活困难的父母，有要求成年子女给付赡养费的权利。"（参见"案例编 27"）

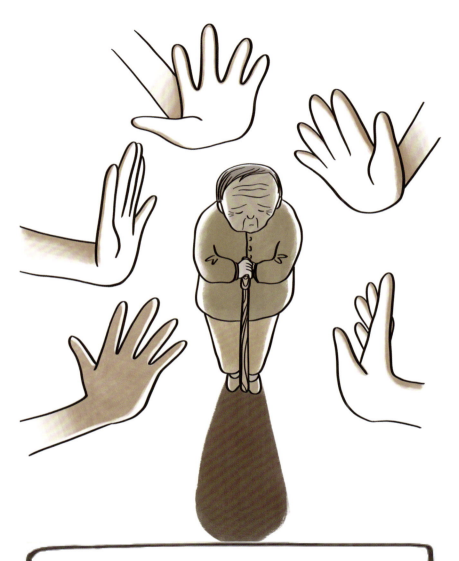

《老年人权益保障法》第13条规定："老年人养老以居家为基础，家庭成员应当尊重、关心和照料老年人。"《民法典》第1067条规定："……成年子女不履行赡养义务的，缺乏劳动能力或者生活困难的父母，有要求成年子女给付赡养费的权利。"（参见"案例编29"）

　　《民法典》第 1069 条规定："子女应当尊重父母的婚姻权利，不得干涉父母离婚、再婚以及婚后的生活。子女对父母的赡养义务，不因父母的婚姻关系变化而终止。"（参见"热点编 8"）

序

　　《民法典》作为社会发展规律的法律凝练和人们生活经验的制度总结，常被喻为"社会生活的百科全书"。中国《民法典》正是在系统整合此前民事法律规范和司法实践经验的基础上，汲取了中华优秀传统法律文化，借鉴了人类法治文明建设有益成果，从而成为一部顺应时代发展要求的民事基本法律。婚姻、家庭和继承等"家务事"，正是《民法典》的重要规范事项。

　　当前，中国正坚持全面依法治国，推进法治国家、法治政府、法治社会一体建设，引导人民做社会主义法治的忠实崇尚者、自觉遵守者、坚定捍卫者。法治社会之品质，不仅在于法学研究者、法律实践者的法学知识、法律技能、法治智慧的提升，更在于普通民众的法治获得感的提升。他们对法治的感知、参与和体验，决定了法律信仰、法治社会的根基。这才是法治力量的真正源泉。由此，普法就具有重大意义。"民法典要实施好，就必须让民法典走到群众身边、走进群众心里。要广泛开展民法典普法工作……引导群众认识到民法典既是保护自身权益的法典，也是全体社会成员都必须遵循的规范，养成自觉守法的意识，形成遇事找法的习惯，培养解决问题靠法的意识和能力。"[1] 本系

---

① 《习近平谈治国理政（第四卷）》，外文出版社2022年版，第284页。

列图书就是以通俗的表达方式阐释《民法典》有关婚姻、家庭、继承的规范，让《民法典》真正走到百姓身边，让人们理解民法精神和婚姻、家庭、继承领域的具体规则。

婚姻曾被钱锺书形象地喻为"围城"。"围城"之中的晨暮日常，或成"二人世界"，或有"天伦之乐"，大体相同的故事总在一代代地反复上演。至于"围城"，可以自愿或不自愿地进出，若夫妻能够"互相忠实，互相尊重，互相关爱"（《民法典》第 1043 条）则系人生之大幸福；经常发生的是一段段爱恨情仇的演义，此时若能以"一别两宽、各自安好"来收尾则算是喜剧了。至于家庭生活、财富传承，既有"树立优良家风，弘扬家庭美德""敬老爱幼，互相帮助""平等、和睦、文明"（《民法典》第 1043 条）之和美，亦有家庭暴力、恶意争夺财产等让人性的光辉暗淡之不堪。如此等等，需要每一个"当事人"在道德上反思和在法律上认真对待。

婚姻是家庭的基础，婚姻、家庭都应是爱和责任。对此，马克思指出："婚姻不能听从已婚者的任性，相反地，已婚者的任性，应该服从婚姻的本质。"[①] 恩格斯也曾说："如果说只有以爱情为基础的婚姻才是合乎道德的，那么也只有继续保持爱情的婚姻才合乎道德。"[②] 迄今为止，婚姻、家庭都是作为一个伦理共同体而存在的。所以，家事法领域应以家庭和平理念为导向，以夫妻互爱、育幼尊老为目标。遗憾的是，在当前社会发展阶段，家事争议日益增多，法律不得不更多地介入私生活领域。

这套"民法典中的家务事"系列图书由三册构成，依照"法律与日常生活"出版项目之体例，分别定名为《民法典与日常生活·婚姻篇》《民法典与日常生活·家庭篇》《民法典与日常生活·继承篇》，在内容上聚焦《民法典》第五编"婚姻家庭"和第六编"继承"，并均在形式上分为案例编、热点编两部分。其中，《民法典与日常生活·婚姻篇》一书重点关注婚姻关系的缔结和终止制度，即"婚姻城堡"的入口和出口——结婚、离婚（大体上对应于《民法

---

① 《马克思恩格斯全集》第 1 卷（上册），人民出版社 1995 年版，第 347 页。
② 《马克思恩格斯全集》第 28 卷，人民出版社 2018 年版，第 101 页。

典》第五编第二章和第四章）。至于"城堡"里的"锅碗瓢盆交响曲"——婚姻成立后的夫妻关系，则与亲子关系、其他亲属关系一并纳入以家庭关系为内容的《民法典与日常生活·家庭篇》一书（大体上对应于《民法典》第五编第三章和第五章）。《民法典与日常生活·继承篇》一书对涉及家庭财富传承的继承关系、遗产分配制度进行梳理和阐释（大体上对应于《民法典》第六编）。

这三册书分别精选了近百个案例或热点问题，全方位勾画了婚姻、家庭、继承领域可能出现的情感、人身、财产纠纷及相应的法律解决方案。当然，我们的编写目标，不是为了更容易地让具体的婚姻、家庭解体以及亲情消散，而是对"当事人"——在保障权益的前提下——维护家庭和平进行劝诫。他人的故事，也可能正在叙说着自己的人生。

本书系团队合作成果。王康（上海政法学院）担任主编，负责写作思路与内容规划，并承担部分内容撰写以及全书修改、定稿工作。李恒（华东政法大学）担任副主编，并承担初稿统合、修改工作。在初稿形成过程中，唐克（上海政法学院）承担了较多的文本撰写、统稿和修改工作，陈梦霞（上海政法学院）、张晓雪（北京市隆安律师事务所上海分所）、刘蓓（上海政法学院）、杜诗诗（上海至合律师事务所）在资料收集、文本撰写和修改方面均有相应的重要贡献。

最后，衷心感谢上海人民出版社曹培雷副总编辑对本出版项目的大力支持！感谢冯静编辑对作者们的信任。

王　康

目录 / Contents

第一部分　案例编

1. 在丈夫车上装定位器，妻子有权要求丈夫"毫无保留"吗？
——配偶之间的人格侵权

2020 年 9 月 17 日，妻子路女士在丈夫刘先生名下的雪佛兰轿车排气管后安装了定位器。次日，在刘先生开车上班的途中，路女士通过电话告知其在车上安装了定位器，该定位器遇高温可能会爆炸。当天中午，刘先生前往 4S 店拆除定位器，发现定位器已经没电。刘先生认为，路女士此举的真正目的在于探知他的行踪信息和秘密。该定位器在高温时极有可能会爆炸，从而对他的人身以及车辆安全都会产生威胁。最终，刘先生以其健康权、财产权、隐私权和个人信息权遭到路女士侵犯为由，向北京市海淀区人民法院提起诉讼，要求妻子赔偿其精神损失费 1 万元。路女士在庭审中表示其安装定位器的目的是"随时知晓车辆位置"，作为妻子有权知晓这辆轿车及刘先生的行程信息。而且她在安装定位器的次日便通知了刘先生，客观上并未得知刘先生使用车辆的位置及行程，主观上亦无侵犯刘先生隐私的故意。法院最终支持了刘先生的部分诉请，判令路女士赔偿其精神损害抚慰金 2000 元。

路女士的行为存在不妥之处吗？夫妻之间存在着隐私空间吗？《民法典》第 1043 条规定，夫妻之间具有相互忠诚的义务。据此，夫妻之间似乎应该在情感、行踪、社交等方面坦诚相待，共享私密信息。但是，《民法典》第 1032 条也规定："自然人享有隐私权。任何组织或者个人不得以刺探、侵扰、泄露、公开等方式侵害他人的隐私权。隐私是自然人的私人生活安宁和不愿为他人知晓的私密空间、私密活动、私密信息。"路女士与刘先生虽为夫妻，但仍然是两个独立的民事主体。因此，为了调查刘先生是否做出违背忠诚的不当行为，路女士私自在丈夫车上安装定位器，此举依然具有违法性。

法院认为，尽管二人是夫妻，但任何一方都不可以在未获对方许可的情况下，任意实施侵犯对方私密空间从而刺探、获取对方的私密信息的行为。路女士在未征得同意或未事先告知刘先生的情况下，擅自在其名下车辆上安装定位器，虽然路女士表示是为了随时知晓车辆的位置，但该车辆为刘先生日常使用，路女士在确认车辆位置的同时，亦知晓了刘先生的行程信息，而刘先生行程信息属于其私密信息，因此，路女士的行为已侵犯刘先生的隐私权。鉴于路女士的行为已经侵犯刘先生的隐私权，给其精神上造成损害，理应承担相应的民事责任。一审法院对刘先生要求路女士赔偿精神损害抚慰金的诉讼请求，予以支持。二审法院维持原判。

以前也发生过类似的案件。例如，有一对两地分居的夫妻，丈夫在妻子的卧室偷偷安装了隐蔽式微型监控设备，以此掌握妻子的私密活动。这种做法，无疑违反了夫妻之间相互尊重的伦理和法律要求，本质上体现了具体婚姻共同体成员之间的"信任危机"，属于一方对另一方的人格侵权，尤其是私密信息、隐私侵权，不仅损害了对方的人格尊严，还在一定程度上造成了对方的精神损害。

罗曼·罗兰曾经说过："婚姻的唯一伟大之处，在于唯一的爱情，两颗心的互相忠实。"婚姻内的坦诚相待本是夫妻信任的产生基础，但过犹不及，采用极端的方式掌控另一半的行踪信息，虽然满足了自己的控制欲，但并不会增强彼此间的信任，反而徒生猜忌。适当的距离产生美，和谐的婚姻需要彼此间的尊重与理解！

关联法条　《民法典》第 1032 条、第 1043 条

2. 妻子擅自终止妊娠，侵犯丈夫的生育权吗？
——夫妻生育权冲突的解决

白先生与程女士于 2004 年 8 月相识，随后感情迅速升温，在 2006 年 2 月 6 日登记结婚。二人结婚初期感情尚好，但由于婚后一直未生育子女，同时程女士与白先生的父母在日常生活中多有摩擦，与家庭其他成员关系也比较紧张，夫妻之间的感情受到了一定的影响，时常吵吵闹闹。结婚数年后，程女士终于有了身孕，全家人一时之间喜不自胜。然而天有不测风云，程女士在怀孕 3 个月后的一次检查中发现，自己有先兆流产的迹象，因此程女士想要去医院终止妊娠，但白先生坚决不同意。后来程女士再三考虑后还是瞒着丈夫，偷偷做了人工流产。白先生知晓后怒火中烧，认为妻子的行为严重侵害了自己的生育权，一纸诉状将妻子告上了法院，希望法院能判决离婚并要求程女士赔偿其相关经济损失及精神损害共 5 万元。

白先生以生育权被侵犯为由诉请金钱赔偿，能否得到法院支持？这涉及民法中生育权的认定问题，学界与实务界对此争议极大。到底什么是生育权？谁享有生育权？生育权包含哪些内容？生育权一般包括知情权、方式选择权、决定权等内容，既包括选择生育的自由，也包括不生育的自由。我国《民法典》第 1055 条规定："夫妻在婚姻家庭中地位平等。"该条体现在婚姻关系内部，男女也应当拥有平等的生育权。因此，本案中白先生与程女士均享有平等的生育权，不存在哪一方权利更为优先的情况。这种平等的生育权在性质上属于人格权，而非身份权。无配偶者以及丧失配偶者同样享有生育权。不可否认，个人的生育权会因婚姻关系的成立而受到一定的限制，但最终的生育决定权仍然属于个人。由于生理结构的不同，男性与女性生育权的实现需要相互之间的配合与协助。现代一夫一妻婚姻制度的确立以及妇女权利保护意识的提升，不允许夫妻一方在另一方明确表示拒绝时强迫其生育子女，或者通过其他途径怀孕生产。此时，夫妻之间就存在着生育权的冲突。在本案中，程女士出于身体上的考虑进行流产，但白先生却极力希望留下这个孩子，那么在夫妻双方就生育愿望不能达成一致时，谁拥有最终的生育决定权呢？

一般认为，当今社会为保障女性的尊严和人权，使其避免成为生育的工具，势必承认女性"支配自己身体"的权利，进而确认女性的生育决定权。换言之，如果妻子不愿意生育，则丈夫不得强迫妻子生育。本案中，程女士未与丈夫协商一致擅自终止妊娠，可能会对夫妻之间的感情甚至婚姻家庭的稳定造成一定的影响，这里产生了夫妻生育权在具体行使中的冲突。但在本案中，不能认为妻子的行为构成对丈夫生育权的侵害，男方以侵害其生育权为由主张损害赔偿，于法无据。也就是说，丈夫不得以其生育权来对抗程女士的生育权。否则，如果程女士对生育权的行使动辄构成对丈夫白先生的侵权，那么这将致使程女士处于一种十分危险的境地。因而，妻子对生育权的行使，相对于丈夫来说，通常应处于优先地位。

不过，对妻子生育权的优先保护，并不意味着妻子绝对不会侵害丈夫的生育权。例外情形还是存在的。例如，妻子婚外与其他男子长期通奸，并怀孕生子，丈夫对此并不知情。在以前限制型的生育政策下，夫妻一般不会再生育其他孩子，进而丈夫"错误"抚养了这个孩子。最终，丈夫在 70 岁时才知道真相，但此时他已不可能再有自己的亲生子女了。在这个案件中，妻子就侵害了丈夫的生育权，丈夫可以要求妻子赔偿其精神损害。

此外，还需要注意的是，白先生渴望生育后代的立场也同样值得尊重。考虑到生儿育女是多数家庭的重要职能之一，许多夫妻也乐于拥有自己的儿女，享受儿女陪伴的幸福生活。因此，当夫妻二人对生育与否存在不同的意见，并且纠纷已经无法调和时，离婚或许会是解决夫妻之间生育权冲突的合理途径之一。根据我国《最高人民法院关于适用〈中华人民共和国民法典〉婚姻家庭编的解释（一）》（法释〔2020〕22号）第23条的规定，夫妻双方因是否生育发生纠纷，致使感情确已破裂，一方请求离婚的，人民法院经调解无效，应依照《民法典》第1079条"其他导致夫妻感情破裂的情形"的规定判决准予离婚。本案中白先生虽因一时气愤将妻子告上法院，但与相处多年的结发妻子仍存有深厚的感情。此外，程女士也表示并不是不想要孩子，而是希望能好好调养身体后重育一个健康的孩子。结合以上原因，法院认为夫妻感情并未因此破裂，判决驳回了原告离婚和损害赔偿的请求。

子女是爱情的结晶，没有感情的生育只会增加夫妻双方乃至孩子的痛苦与伤痕。十月怀胎，女性承担了更多的生理风险和心理压力，也作出了更大的自我牺牲。对女性而言，不生育自由与生育自由同样值得重视！

关联法条 《民法典》第1055条；《婚姻家庭编司法解释一》（法释〔2020〕22号）第23条

3. 受对方谩骂、恐吓，可以申请人身安全保护令吗？

——人身安全保护令的申请

李女士与张先生于2018年登记结婚。婚后夫妻二人对家庭事务进行了分工，商量好由丈夫张先生负责外出工作，赚取家庭生活费用，妻子李女士留在家中当全职太太，照顾全家的生活起居。婚后第三年，二人迎来了第一个孩子。但孩子的出现却未能给这个家庭带来额外的欢乐，反而引发了夫妻之间的诸多矛盾。2021年年初，张先生提出解除夫妻关系，李女士并未同意。为促使李女士答应自己的离婚请求，张先生以工作不顺利、生意不景气为由，将母子二人的生活费用从原来每月4000元降至每月2000元。即便如此，李女士依然不同意离婚。张先生见状，开始辱骂李女士。由于不堪忍受丈夫的辱骂与剑拔弩张的家庭氛围，李女士便带着孩子到乡下的父母家中居住。但不承想，张先生非但没有收敛，反而变本加厉，不仅直接断了母子二人每个月2000元的生活费，还在李女士父母家门外用油漆和涂料书写李女士姓名，以逼迫其与自己离婚。无奈之下，李女士向法院起诉，请求法院判决丈夫每月按时向自己支付生活费，并申请人身安全保护令，要求丈夫停止对自己的谩骂和恐吓。张先生认为，自己并没有殴打妻子，并不构成家庭暴力，因此不符合人身安全保护令的作出条件。而且从结婚以来，都是他在赚钱养家，妻子没有赚过一分钱，如果法院支持了妻子要求自己支付生活费的请求，将对自己极不公平。法院会支持李女士的请求吗？

人身安全保护令是什么？它有什么作用？我国《反家庭暴力法》第四章专门规定了应对家庭暴力的人身安全保护令制度。人身安全保护令只能由人民法院作出，目的在于禁止被申请人实施家庭暴力或骚扰、跟踪、接触申请人及其相关近亲属等，以保护申请人及其相关近亲属的人身安全。人身安全保护令并不能随意作出，只有满足相关条件时，法院才可以作出人身安全保护令。

本案中，申请人李女士的具体请求是张先生停止对自己的辱骂和恐吓行为，而能否成功申请人身安全保护令的关键在于张先生是否存在家庭暴力行为。《反家庭暴力法》第2条对家庭暴力的定义是，家庭成员之间以殴打、捆绑、残害、限制人身自由以及经常性谩骂、恐吓等方式实施的身体、精神等侵害行为。由此可见，家庭暴力并不仅限殴打行为，任何可能侵害对方身体、精神的行为都包括其中。

本案中，张先生的辱骂、恐吓行为不仅使申请人遭受到精神上的痛苦，还使得与申请人共同生活的近亲属的人身安全面临直接威胁。因此张先生的行为符合《反家庭暴力法》对家暴行为应具有"现实危险"的要求，从而构成家暴行为。

此外，张先生对孩子有抚养的义务，但他却企图通过拒绝支付生活费的方式迫使李女士同意离婚。张先生通过控制共同财产和家庭收支，故意不满足申请人合理的支出需求，影响申请人正常生活、限制申请人正常活动，以控制申请人、迫使其服从自己意愿的行为，属于家庭暴力中的经济控制。《反家庭暴力法》第2条虽并未明确将经济控制作为家庭暴力的形式进行列举，但第2条并未穷尽家庭暴力的形式，经济控制仍可借助对条文中规定的"等侵害行为"的解释而构成家庭暴力。由此可见家庭暴力并不限于殴打等传统形式的暴力，谩骂、恐吓以及经济暴力行为等也构成家庭暴力行为。本案中，张先生不断辱骂、恐吓李女士，后又降低其与儿子的生活费，甚至直接拒绝支付生活费，意图迫使李女士同意离婚。这些行为构成对李女士的经济暴力和精神暴力，侵害了李女士的合法权益，因此法院认为李女士的人身安全保护令申请符合法定条件，裁定禁止张先生对李女士及其近亲属进行骚扰、威胁、跟踪、接触。如张先生违反上述禁令，法院将依据《反家庭暴力法》第34条规定，视情节轻重，处以罚款、拘留；构成犯罪的，依法追究刑事责任。《民法典》第997条还规定了一般情形下的"人格权侵害禁令"，原则上可以适用于家庭暴力情形。

至此，真如张先生所说，由于妻子并未赚过一分钱，因此妻子不应当向自己索要生活费吗？根据《民法典》第1062条规定，除非双方另有约定，否则夫妻婚后的工资、奖金、劳务报酬，均为夫妻共同财产。本案中，首先，张先生与李女士并未就婚后收入作出归个人所有的约定，并且本案中"男主外女主内"的家庭分工模式是在两人的共同意愿下达成的，因此张先生在婚后的收入并不属于其个人财产，而是其与李女士共同的财产。对于夫妻共同财产，李女士有平等的处理权。其次，由于张先生与李女士并未离婚，两人仍是夫妻，夫妻之间有相互扶养的义务。此外，张先生作为父亲，也有抚养孩子的义务。因此法院支持了李女士关于要求张先生支付生活费的诉讼请求，判决张先生于每月 30 日前按照当地当年城镇居民人均消费支出，支付李女士及儿子生活费用 2013 元（不包含孩子教育医疗等费用开支）。

关联法条 《民法典》第 997 条、第 1062 条；《反家庭暴力法》第 2 条、第 23—32 条、第 34 条

4. 分居期间拒绝扶养身患重病的配偶，应承担何种法律责任？
——夫妻之间的扶养义务

黄阿姨与张大叔于 1994 年登记结婚，婚后二人生育一子，现已成年。夫妻二人共同购置了住房两套、门面房一间，其中一套住房用于一家人自住，另一套住房及门面房出租，每年住房及门面房租金 24000 元均由黄阿姨收取。张大叔系某银行下岗职工，每月领取下岗失业军转干部生活困难补助费 1476 元，患有脂肪肝、前列腺囊肿，另有年迈母亲需赡养。2017 年，张大叔下岗后在外当监理，收入较高。2009 年 4 月，黄阿姨被诊断出患有脊髓空洞症和抑郁症，每月需要支付一笔不菲的医药费，除住院可报销部分医疗费外，其余药费均需黄阿姨自己负担。黄阿姨为某公司职工，但因长期病休，每月仅领取工资 1188 元。近年来，由于黄阿姨患病，以及两人性格不合，双方时常发生矛盾。张大叔多次起诉至法院要求离婚，但因

黄阿姨坚决不同意，张大叔的离婚诉讼请求均被法院驳回。自觉无法与妻子生活下去的张大叔便离家外出租房生活。2021年6月5日，黄阿姨诉至法院称，她身患多病，每月需万元以上药费，张大叔不尽丈夫义务，致使她债台高筑，请求法院判决其履行扶养义务，按月承担医疗费、生活补助费、护理费6000元。张大叔辩称，黄阿姨每月有固定收入，房屋及门面房的租金、家里的多年积蓄，并且医保报销了部分医疗费，黄阿姨完全有能力自己承担医疗费等生活费用。并且他自己也身患多病，又下岗，还要赡养90多岁的母亲，因此不同意支付黄阿姨扶养费。那么黄阿姨有权要求张大叔履行扶养义务吗？要求张大叔尽扶养义务有什么条件呢？

《民法典》第1059条规定："夫妻有相互扶养的义务。需要扶养的一方，在另一方不履行扶养义务时，有要求其给付扶养费的权利。"夫妻之间互相关爱，互相帮助，为我国《民法典》第1043条规定的优良家风所提倡。互相扶养不仅是夫妻之间的道德义务，更是夫妻之间的法定义务。《民法典》并没有为需要扶养的一方设定其他条件，没有规定需要扶养的一方应当缺乏劳动能力或陷入生活困难的境地，才能要求另一方给付扶养费。作为妻子，黄阿姨当然有权要求张大叔尽扶养义务。夫妻之间的扶养不仅包括经济上的支持，还包括精神上的陪伴和生活上的照料。

本案中，黄阿姨虽有工资收入和房屋租金收入，但因每天需服用多种药物，每月需要负担较重的医药费。虽然部分医疗费用可以报销，但大部分只能由黄阿姨自己负担。张大叔作为丈夫理应为妻子分担部分医疗费用。在黄阿姨身患重疾，特别需要家人陪伴和照顾时，张大叔却不在黄阿姨身边，离家出走。从张大叔的种种行为来看，并不能认定他尽了对妻子黄阿姨的扶养义务。因此法院判定张大叔应给付黄阿姨扶养费，以尽经济上的扶养义务，分担黄阿姨因治疗疾病而产生的经济负担。

张大叔提出自己也患病且还有母亲要赡养的理由是否能免除他对黄阿姨的扶养义务呢？当然不能。夫妻之间的扶养义务是法定义务。扶养责任的承担，既是婚姻关系得以维持和存续的前提，也是夫妻共同生活的保障。尽管张大叔自身患病并且还有90多岁老母亲需要赡养，但这并不能成为其推辞扶养妻子的理由。在本案中，张大叔除了每月能够固定领取军转干部生活困难补助费外，还有较为可观的工资收入。相比于黄阿姨，张大叔的经济状况更好，要求其履行对黄阿姨的扶养义务，并不会使其无法承受。需要注意的是，上述事实虽不能免除其对黄阿姨的扶养义务，但对扶养费数额的计算有相应影响。因此法院根据双方的实际情况，考虑到黄阿姨已成年的儿子应当依法尽赡养义务，以及黄阿姨每月有一定收入等因素，酌定张大叔每月支付黄阿姨1000元扶养费。若张大叔依然不尽扶养义务并造成严重后果，则可能构成遗弃，从而可能承担更严重的法律责任，例如离婚损害赔偿责任以及遗弃罪刑事责任。

关联法条

《民法典》第1043条、第1059条

5. 对方违反"忠实协议"，可以要求其"净身出户"吗？

——夫妻之间的忠实义务

杨小姐与安先生系青梅竹马，两人婚后十分恩爱，并育有一女。几年后，安先生见前途渺茫，便意欲同朋友外出打拼。但杨小姐却担心二人分开之后感情转淡，因此并不同意。为安抚杨小姐，安先生立下一份"忠实协议"，承诺如若因自己行为不检点导致二人离婚，则自愿放弃所有财产，净身出户。即便如此，杨小姐也并不放心，想起丈夫对女儿甚是疼爱，于是要求安先生增添条款，声明一旦因此离婚便自愿放弃女儿的抚养权，并不得探望女儿。安先生自信杨小姐的忧虑不会成真，于是欣然同意，外出经商。最初几年尚且安稳，但两人常年分居两地，渐生嫌隙，后来安先生明确承认自己有外遇了。杨小姐向法院起诉离婚，拿出"忠实协议"，要求安先生遵守约定。本案中的"忠实协议"效力如何？法院会支持杨小姐的请求，让安先生"净身出户"并放弃对女儿的抚养权吗？

忠贞向来是婚姻关系中夫妻对彼此的首要诉求。现实生活中也不乏为表忠心，夫妻中一方向另一方立下"忠实协议"，承诺如果有不端行为就承担不利后果的现象。"忠实协议"的主要目的在于促使承诺方保持忠实，且体现当事人的自由意志，因此并不当然为法律所斥。法律保护意思自治，也尊重婚姻中因对方违反忠实义务而受损一方的利益诉求。但对意思自治的保护并不意味着当事人可以为所欲为，"忠实协议"的内容仍然需要法律的具体评价。

虽然法律并不禁止夫妻之间签订此类协议，但也不提倡。因为此类协议的签订会对双方的情感与婚姻家庭和谐造成伤害，有违婚姻家庭的本质。在司法实务中，此类协议并非全部内容均能得到法律支持。通常由当事人自愿履行，对其强制执行的可行性需要在个案中具体考量。这里当然有证明难的问题，例如协议内容的真实性、是否存在欺诈、胁迫等行为，也有可能引发一方捉奸、窃听及其他侵犯对方隐私乃至对第三人侵权的情形。

通常，涉及剥夺一方与子女之间联系的约定不能得到法律支持。父母子女关系并不受婚姻关系变化影响。我国《民法典》第1084条明确规定，父母与子女的关系，不因父母离婚而消除。实际上父母子女关系，尤其是根据出生事实确定的父母子女关系并不容当事人随意断绝。更何况，探望子女以及抚养子女不仅是父母的权利，还是父母的义务。《民法典》第1084条第2款也明确规定，离婚后，父母对子女仍有抚养、教育、保护的权利和义务。夫妻离婚后，未成年子女通常只能跟随父母中的一方生活，但其与另一方之间的亲子关系并不因离婚或因约定而被改变。因此这类忠实协议中有关剥夺父母一方与子女之间联系的约定无效。

在"忠实协议"中，双方对财产的处置，并不像人身自由、人格尊严以及子女事宜那般受诸多限制。因此所谓的"净身出户"条款看似"霸道"，但仍在当事人意思自治范围之内，若无证据能够证明对方存在欺诈、胁迫或自己存在重大误解等行为（若有此事实，则此协议效力可能被撤销），当事人自愿签署的违反约定将放弃财产的协议内容，存在被法律认可的可能性。但要求"违约方"放弃"所有财产"的主张，不一定能够得到充分的支持。

与此类似的协议还有"落户协议"。例如，博士后出站的白女士手中持有家属进京落户指标。为此，她和丈夫胡先生签订了一份"落户协议"，约定帮丈夫落户，如双方离婚，丈夫要补偿妻子1000万元。后二人婚姻走到尽头，白女士依据协议起诉。最终，法院判决二人离婚，但该"落户协议"因违反公序良俗而被认定为无效。这就是说，婚姻是爱和责任，具有高度的伦理性，不能把婚姻作为一种手段。

在杨小姐与安先生的这个案件中，法院最终判决两人离婚，支持了杨小姐的部分请求，即安先生在保留必要生活费用的前提下，按照约定将其财产让与杨小姐。女儿由杨小姐抚养，当然安先生与女儿之间的亲子关系依然存在，其对女儿负有抚养义务，并可以行使对女儿的探望权。

关联法条　《民法典》第1043条、第1084条

6. 对婚姻"不忠"的配偶一方，将付出怎样的代价？

——离婚精神损害赔偿的条件

2016 年，陆小姐与陈先生经朋友介绍后相识，并于 2018 年结婚。婚后不久二人便生下一子陈小某。2020 年初，二人开始因生活琐事争吵。为避免冲突，陈先生收拾行李离开了陆小姐母子，二人于 2021 年 4 月开始分居。此后，孩子陈小某一直跟随陆小姐生活。2021 年 10 月，陆小姐找到陈先生，希望陈先生能够回心转意。但陈先生表示，自己已经对陆小姐没有感情，希望两人能和平离婚。2021 年 12 月，陆小姐从两人共同的朋友处得知，陆先生与自己分居后不久便认识了其他女性，彼此之间确定了男女朋友关系，并共同生活至今。怒火中烧的陆小姐向法院起诉，要求与陈先生离婚，孩子由自己抚养，陈先生每月需支付抚养费 3500 元直至孩子年满十八周岁。除此之外，陆小姐还要求陈先生支付精神损害赔偿 15000 元。陈先生对于自己另有伴侣并与其同居的事实自认不讳，但表示认识现在的伴侣是在两人分居之后。两人感情破裂的原因是性格不合以及常年分居，而非自己与他人同居，因此拒绝支付精神损害赔偿金。另外自己的经济条件更加优渥，有能力为孩子提供更加舒适的成长环境，因此希望孩子能由自己抚养。法院会支持陆小姐关于精神损害赔偿的请求吗？对于两人有关孩子抚养的纠纷，法院又将如何处理？

婚姻的存续应以夫妻感情为基础。本案中，陆小姐无法接受丈夫已经与其他女性同居的事实，强烈要求法院准予其与陈先生离婚，陈先生也表示同意离婚。此外，双方持续分居已近一年，并且陈先生已经与另一位女性建立了较为稳定的男女朋友关系。上述事实能够表明双方之间的感情已经破裂且并无修复的可能，因此法院准许了陆小姐提出的离婚请求。

夫妻离婚后，对于子女的抚养问题，应以子女最佳利益为准则，做出适应子女生活习惯以及有利于子女健康成长的安排。《民法典》第1084条考虑到年幼孩子对母亲的需要，规定离婚后不满两周岁的子女，以由母亲直接抚养为原则。而《最高人民法院关于适用〈中华人民共和国民法典〉婚姻家庭编的解释（一）》（法释〔2020〕22号）第44条也体现了除确实存在子女不宜随母亲生活的原因外，不满两周岁的子女在父母离婚时原则上由母亲直接抚养的立场。由此可见我国倾向于让年纪较小的子女跟随母亲共同生活。本案中，虽然陈先生和陆小姐的孩子将满三周岁，但仍较年幼。自父母分居后，陈小某一直跟随母亲生活，因此贸然让年幼的陈小某离开熟悉的母亲而与父亲生活，或许会给陈小某的生活带来许多不便，更可能会对陈小某的成长产生不利影响。并且陈先生作为孩子的父亲，其对孩子的抚养义务并不会因为婚姻关系的解除而受到影响，即便无法与孩子共同生活，陈先生也应当继续为孩子提供相对优渥的物质生活，包括但不限于每月支付抚养费。陈小某继续跟随母亲生活，陈先生仍应履行抚养义务，尽力为孩子提供良好的生活条件。综合上述考量，法院最终认为孩子继续跟随陆小姐生活为宜。

夫妻之间互负忠实义务。陈先生在婚姻关系存续期间与其他女性确立男女朋友关系，违反了其应负的忠实义务。本案中，陈先生声称，与他人同居的事实发生在两人分居之后，导致两人感情破裂的原因是两人常年分居，并不是自己与他人同居的事实。但根据法院查明的事实，两人分居约半年后，陈小姐曾为挽救两人之间的婚姻，主动找到陈先生，希望陈先生能回归家庭。但陈先生并未同意，而是选择继续与现在的女朋友保持同居关系。法院认为，导致两人感情破裂无法挽回的真正原因并非如陈先生所言，是两人常年分居，而是因为陈先生在婚姻关系存续期间另与他人同居。《民法典》第1091条规定，与他人同居导致离婚的，无过错方有权请求损害赔偿。因此，法院认为，作为无过错方的陆小姐有权要求有过错的陆先生对自己进行赔偿。最终，法院判决陆小姐与陈先生离婚，婚生子陈小某跟随母亲陆小姐生活，陈先生每月支付抚养费2000元至孩子年满十八周岁，给付陆小姐精神损害赔偿金5000元。

关联法条

《民法典》第1084条、第1091条；《最高人民法院关于适用〈中华人民共和国民法典〉婚姻家庭编的解释（一）》（法释〔2020〕22号）第44条

7. 夫妻一方打赏主播，另一方能追回财产吗？
——夫妻共同财产制度

阿琼与阿华于2005年5月21日结婚。婚后两人来到上海打拼，经过不懈努力，终于在上海定居，并育有一子。婚姻生活相处和睦，儿子的到来也增添了许多欢乐。但近年来，阿琼发觉丈夫沉迷于手机，经常对着手机傻笑，两人因此事发生过许多次不愉快。某次，心生疑窦的阿琼趁丈夫不注意翻看了丈夫的手机，这才发现原来丈夫一直在观看女主播直播。火冒三丈的阿琼立马跟丈夫吵了起来，在阿琼的逼问下，丈夫坦白从2018年到2021年间，自己用名下银行卡、支付宝、微信等充值"你的玲度可乐""一往情深只为玲"等6个账号，用于观看某平台主播林玲的直播。阿华交代，充值后可通过账号进入林玲的直播间，观看直播并发送用虚拟货币购买的虚拟道具。至今阿华已经充值74万元用于购买可在直播平台消费的虚拟币，打赏给林玲753693个虚拟币所兑换的虚拟礼物，所有的虚拟币

基本花费完毕。阿华还表示，真实货币与虚拟货币之间的兑换值比例为1:1，充值1元人民币只能得到1个虚拟币，但直播平台有时会赠送10%。此外，阿华还与林玲在现实生活中有往来，两人经常微信聊天，阿华也经常在线下赠送包、泳衣等物品给林玲。怒火中烧的阿琼将林玲和直播平台告上法院，要求追回丈夫在直播平台上充值的74万元。阿琼认为，丈夫充值所用的财产归夫妻共同所有，丈夫无权在自己不知情的情况下前后处置近74万元的夫妻共同财产。另外，丈夫的充值行为主要用于打赏林玲，这个行为本质上是赠与。赠与行为用以维持两人不正当男女关系，违反公序良俗，故无效，因此林玲以及直播平台应返还财产。直播平台则认为，阿华在使用平台的充值以及打赏功能之前已经充分了解这些功能的使用会带来的直接后果，并且充值以及打赏都是在阿华自愿的基础上进行的，因此直播平台没有义务退回。林玲则表示，自己与阿华之间并不存在不正当男女关系，阿华在直播间的"打赏"并非归自己所有，而是归平台所有，因此不应由自己返还财产。阿华在直播平台的充值行为以及打赏行为是怎样的法律行为？对林玲青睐有加的情节是否会影响该法律行为的效力？妻子能追回丈夫未经自己同意而擅自处分的共同财产吗？

赠与合同是赠与人将自己的财产无偿给予受赠人的合同，是单务、无偿合同。本案中，阿华注册为直播平台用户，将真实货币兑换成虚拟道具，观看直播时向主播发送虚拟道具。虚拟道具属于数据信息等衍生物，产生并储存在直播平台控制的网络数据库中。而阿华在观看直播时，通过使用虚拟道具，获得了与网络游戏体验相似的精神上的满足。简单来说，阿华充值取得虚拟道具并对主播林玲进行打赏时，并非一无所获。因此充值、打赏行为并不是赠与行为，而是一个网络消费行为。公序良俗要求法律行为的内容及目的不得违背公共秩序或善良风俗。阿华在直播平台充值、打赏主播以达到愉悦精神的目的并不违反公序良俗。此外，林玲并非该网络消费行为的直接当事人，并且其作为主播在直播间内与用户互动或展示才艺，用自身条件获取报酬的行为也不存在不当之处。直播平台经有关部门批准后设立，具有市场监管部门颁发的相关营业执照，依法享有发行网络虚拟货币的权利。允许用户在平台充值以兑换虚拟货币的行为有法可依，不违反法律强制性规定以及公序良俗，因此阿华与直播平台之间的网络服务合同并不因违背公序良俗而无效。

《民法典》第1060条规定，夫妻一方有权单独实施不超出日常家庭需要的民事法律行为，这类行为对夫妻双方发生效力，由此产生的债务属于夫妻共同债务。正当的娱乐活动也属于居民日常生活的一部分。网络直播作为新业态，有其存在的合理性和社会需求。本案中阿华将观看直播作为娱乐消遣的方式之一，在直播平台充值、打赏，充值金额又呈现出小额、多次、长期的特征，身为妻子的阿琼未在三年间发现阿华充值、打赏，并未影响家庭正常生活，故可以认定阿华的消费行为属于"未超出日常家庭生活需要"的行为，并未超出夫妻一方对共同财产的处分权范围。此外，夫妻共同财产由夫妻双方共同管理、使用，作为妻子的阿琼理应正确行使对家庭财产进行管理的权利，亦应尽到对共同财产的管理责任。本案中，阿琼与阿华是共同生活的夫妻，对双方的共同生活情况能够随时了解控制，但阿琼却称直至丈夫将家庭财产挥霍一空时，才有所察觉，这显然不符合常理，也有违其作为妻子对共同财产应负的管理责任。

综上所述，在充值、打赏行为中并不存在赠与合同，而存在一个网络服务合同，阿华和直播平台是合同当事人。主播林玲并不是该合同的当事人，因此阿琼不能根据这个合同向林玲讨要相关款项。阿华与直播平台之间的合同是在双方自愿的基础上成立并生效的，既不违反法律的强制性规定，也未违背公序良俗，并没有效力瑕疵。虽然阿华用夫妻共同财产进行充值，但该笔资金系用于娱乐消费且未超出法律所规定的一方可以单独处置夫妻共同财产的限制，因此该合同同时对妻子阿琼发生效力，由此产生的债务也属于夫妻共同债务。目前该合同已经履行完毕，法院最终并未支持阿琼的诉讼请求。

关联法条 《民法典》第 1060 条

8. 通过"假结婚"获得的土地征收补偿款，属于夫妻共同财产吗？
——夫妻共同财产的认定

小张是某高校大三学生，某天正在教室上课的他接到老家父亲打来的电话。父亲激动地告诉小张，家里所在的生产组要分土地征收补偿款，让小张赶紧在学校交一个女朋友，争取在补偿名单报上去之前结婚，这样家里就能多得一个人的补偿款。小张觉得父亲的想法比较荒唐，因此并未按照父亲的指示去做。但禁不住张父隔三差五的电话轰炸，小张终于回了老家一趟。在父母的安排下，小张与隔壁村的姑娘小陈相亲，并确立了男女朋友关系。为使家庭迅速"添丁进口"多得补偿，在父母的催促下，小张与小陈在交往一个月后就登记结婚。结婚登记前，两人坦诚相待，一致同意这次结婚是"假结婚"，等土地补偿款一发下来，二人就去民政局办理离婚。婚后，小陈的户口转移到了小张家中，并取得了村集体组织成员资格。不久，土地补偿款如愿发放，张家因小陈的加入"净挣"6万元。得知事情已经办妥的小张立马回到老家找到小陈，希望能按照约定办理离婚登记。但没想到，小陈拒绝了小张的请求。小陈表示，经过这一段时间的相处，自己对小张已经有了感情，不愿与小张离婚。欲哭无泪的小张立刻向父母抱怨起来，但老两口表示，小陈是个好姑娘，娶妻娶贤，小张不妨答应小陈的请求。誓死不从的小张决定通过离婚诉讼来解除自己与小陈之间的婚姻。后小张到法院起诉离婚，认为自己跟小陈是"假结婚"，双方之间并没有感情，因此法院应认定自己与小陈之间的婚姻无效。小陈则表示，既然已经按照规定办理了结婚手续，两人就是夫妻，自己可以同意离婚，但是小张一家应返还自己的土地补偿款6万元。对此小张的父母却以补偿款已经用于办理结婚、待客、买家具等事项为由，拒不返还。法院对二人婚姻的效力会如何认定呢？土地补偿款算不算夫妻共同财产呢？

结婚是法律行为，以双方自愿为基础。根据《民法典》第1052条和第1053条，一方受到强迫或者隐瞒重大疾病而成立的婚姻虽然是有效的，但受到强迫或者受到欺诈的一方可以请求法院撤销婚姻。本案中，虽然小张声称他与小陈之间的婚姻是"假结婚"，但本质上两人均是在自愿的基础上同意与对方结婚，企图通过婚姻达到获益的"不纯动机"，并不能对两人之间的婚姻效力产生影响。所谓的"假结婚"与真结婚之间并无差别，法院并不会因为当事人之间没有感情基础或者以特定目的为导向，就否定婚姻的效力。因此，本案中小张和小陈之间的婚姻是有效的。但考虑到小张与小陈相处时间较短，双方并无较为坚实的感情基础，并且小张的离婚意愿较为强烈，而小陈对这段婚姻也并未表现出十分留恋的态度，因此法院支持了小张的离婚请求。在两人和好无望的情况下，法院以夫妻感情确已破裂为由判决二人离婚。

根据《民法典》第243条第2款规定："征收集体所有的土地，应当依法及时足额支付土地补偿费、安置补助费以及农村村民住宅、其他地上附着物和青苗等的补偿费用，并安排被征地农民的社会保障费用，保障被征地农民的生活，维护被征地农民的合法权益。"因征收集体所有的土地所产生的补偿费用，是对集体经济组织成员丧失土地承包经营权的经济补偿，目的在于保障被征地农民的生活。而《民法典》第1062条并未穷尽对夫妻法定共同财产的列举，根据《最高人民法院关于适用〈中华人民共和国民法典〉婚姻家庭编的解释（一）》（法释〔2020〕22号）第25条规定，男女双方实际取得或者应当取得的住房补贴款、住房公积金、基本养老金以及破产安置补偿费，都属于《民法典》第1062条规定的"其他应当归共同所有的财产"。而土地补偿费与《最高人民法院关于适用〈中华人民共和国民法典〉婚姻家庭编的解释（一）》（法释〔2020〕22号）第25条列举的几种夫妻共同财产性质相似，目的都在于保障权利人的基本生活，因此应同样属于夫妻共同财产。本案中，小张与小陈并未就上述土地补偿款的归属进行约定，因此在婚姻关系存续期间获得的土地补偿款都属于夫妻共同财产。考虑到双方在婚姻关系存续期间的经济关系较为简单，出于公平的考量，法院最终判决双方平分两人共获得的12万元土地补偿款。

伴随着城镇化飞速发展的步伐，围绕农村土地的各种纠纷也呈现上升趋势。如本案中，小张一家把获取土地补偿款等利益作为结婚的主要考量因素和目的，这样仓促的婚姻往往因缺乏感情基础而极不稳固，对个人、家庭和社会也都是极度不负责的做法，更存在着财产和法律上的风险。金钱买不来爱情，也锁不住婚姻，终身大事还是谨慎为好。

关联法条《民法典》第243条、第1052条、第1053条、第1062条；《最高人民法院关于适用〈中华人民共和国民法典〉婚姻家庭编的解释（一）》（法释〔2020〕22号）第25条

9. 婚前承租、婚后购买且登记在一方名下的房屋，属于共同所有吗？
——夫妻共同财产的认定

　　丧偶的李女士经人介绍与钟先生相识，两人相处一年后便登记结婚。婚前钟先生在当地某单位供职，并长期租住在单位提供的公房内。婚后李女士并没有长期稳定的工作，仅靠在附近的小吃店打下手来贴补家用，而钟先生仍在原单位工作。由于积蓄有限，婚后两人并未另寻住所，而是共同居住在钟先生租住的公房内。租房生活持续四年后，钟先生打听到单位有购房福利，回到家与妻子商量，便决定买下两人正在居住的房屋。钟先生分三次向单位支付购房款20954.1元、23620元、25247.52元，共计69821.62元，并取得房产证。房屋权属证书显示该房登记在钟先生名下。后因两人感情不和，李女士搬离两人住处。钟先生也向法院起诉，要求与李女士离婚，但两人对于该套房屋的权属以及分割产生争议。钟先生认为，虽然房屋是在婚后购买的，但用的是自己的工资和奖金，而且房屋登记在自己名下。况且如果不是自己婚前在单位供职，单位也不会以这么低的价格把房屋卖给自己，因此这套房屋应当是自己的个人财产。李女士认为，买房时自己虽然没有出资，但丈夫能买房离不开自己的支持。十多年来，自己为家庭的付出不比丈夫少，没有自己的支持，丈夫也不可能安心工作，在婚后四年就能全款买下房屋。因此这套房屋应该属于夫妻共同财产。遂请求法院予以分割。这套房屋属于两人共同所有吗？如果是的话，应当怎么分割呢？

　　现实生活中，人们通常容易产生这样的误解，认为房产证上写着谁的名字，房子就是谁的。其实不然。首先，房产证并不是判断房屋所有权归属的依据。根据《民法典》第 216 条规定，由登记机构管理的不动产登记簿才是物权归属和内容的根据。其次，不动产登记簿也并不是判断房屋所有权的唯一根据。在裁判中，法院还会根据其他法律规定，综合考量后最终作出判决。另外，房屋是否为夫妻共同财产，也不能仅根据房屋权属证书以及不动产登记簿作出判断。本案中，房屋虽然登记在钟先生名下，但《最高人民法院关于适用〈中华人民共和国民法典〉婚姻家庭编的解释（一）》（法释〔2020〕22 号）第 27 条规定，由一方婚前承租、婚后用共同财产购买的房屋，房屋权属证书登记在一方名下的，应当认定为夫妻共同财产。而涉案房屋婚前由钟先生长期租住的事实也无争议，因此本案中房屋权属认定的关键在于购房款是否为夫妻共同财产。

根据《民法典》规定，夫妻既可以在财产获得前，也可以在财产获得后，约定个人财产为夫妻共同财产，也可以约定夫妻共同财产为个人财产。没有约定或约定不明确的，将根据《民法典》对法定个人财产以及法定夫妻共同财产规则进行认定。本案中，李女士与钟先生并未对财产进行约定，因此两人的个人财产以及夫妻共同财产都将根据《民法典》的规定进行认定。《民法典》第 1062 条规定，婚姻关系存续期间获得的工资、奖金、劳务报酬都属于夫妻共同财产。因此本案中，用于支付房价的资金虽然是钟先生的工资，但该工资并非属于钟先生个人所有，而是夫妻二人的共同财产。在两人十多年的相处中，李女士虽然未从事固定工作，没有稳定的经济来源，但李女士的付出不应被无视。两人共同生活近十余年来，钟先生能安心投入工作，离不开李女士主动承担主要家庭劳务的辛勤付出。于法于理，该房屋都应属于夫妻共同财产。

至此，涉案房屋是个人财产还是夫妻共同财产的问题虽然得到法院初步认定，但最终的分割问题还是没有得到解决。本案中，由于钟先生自始至终强烈要求取得该房屋所有权，李女士在诉讼中表示无意与钟先生争夺房屋所有权，只是不能接受自己无法参与房屋分割。因此，法院根据《最高人民法院关于适用〈中华人民共和国民法典〉婚姻家庭编的解释（一）》（法释〔2020〕22号）第76条有关分割夫妻共有房屋的规定，结合钟先生在涉案房屋中居住时间更久的事实，在符合规范的前提下考量当事人的意愿，判决该房屋归钟先生所有，由钟先生将该房屋市场评估价的一半补偿给李女士。

> **关联法条**　《民法典》第216条、第1062条；《最高人民法院关于适用〈中华人民共和国民法典〉婚姻家庭编的解释（一）》（法释〔2020〕22号）第27条、第76条

10. 婚前一方支付首付款、婚后双方共同还贷的房屋，属于共同所有吗？
——夫妻共同财产的认定

杨女士与钱先生于2011年9月相识，2013年10月15日登记结婚。双方均系再婚，婚后也未生育子女。由于两人性格不合，加之矛盾处理不当，夫妻关系十分紧张。2021年4月9日，杨女士以夫妻感情破裂为由向法院提起离婚诉讼。经法院查明，双方在婚姻关系存续期间购置了电视机、洗衣机、冰箱各一台，以及坐落于昆明市某小区房屋一套。双方在诉讼中就电器的分割达成了协议，约定电视机归钱先生，洗衣机和冰箱归杨女士。但对于该套房屋的分割，双方产生分歧。钱先生表示，这套房屋的首付是自己用变卖婚前房产所得价款支付的，房子也登记在自己名下，因此应为自己个人财产，妻子无权分割。杨女士认为，虽然丈夫用自己的婚前财产

支付了房屋首付，但婚后房屋每个月的按揭贷款是两个人共同偿还的，因此房屋应当属于夫妻共同财产，自己有权要求进行分割。对此，钱先生表示，婚后两人确实各自从工资中划出一部分用于还房贷，但由于两人并未约定婚后各自的工资属于夫妻共同财产，因此妻子的工资属于她的个人财产，她将个人财产用于偿还房贷的行为应当认定为对自己的借贷。因此钱先生同意偿还借款，但坚持认为房屋归自己所有，不同意妻子的分割主张。法院查明，该房屋首付款为 20 万元，总价为 54.5 万元，现在的市价为 650 万元。法院会怎么认定该房屋的归属呢？钱先生的借款主张能否成立？

杨女士与钱先生主要就房屋的归属以及分割问题产生分歧。而判断房屋归属的关键在于，如何认定杨女士用工资偿还房贷的行为。钱先生认为，由于两人并未约定工资属于夫妻共同财产，因此杨女士的工资属于其个人财产，她将个人财产用于偿还房贷的行为只能被认定为是借贷。但《民法典》第 1062 条规定，当夫妻二人并未就个人财产以及夫妻共同财产进行约定时，双方在婚后取得的工资收益等应当属于夫妻共同财产。因此本案中，在没有约定的前提下，杨女士以及钱先生婚后的工资收入都属于夫妻共同财产。借款合同是借款人向贷款人借款，到期返还借款并支付利息的合同。在借款合同中，双方应当存在特定的借款意思。但在本案中，杨女士显然并非将该部分工资借给钱先生，在杨女士用工资偿还房贷时，两人也并未就借贷数额、期限以及还款方式等进行约定，因此杨女士的还贷行为并不能被认定为对钱先生的借贷。综上所述，虽然该房的首付款系钱先生用婚前个人财产支付，但婚后用于还贷的工资根据法律规定属于夫妻共同财产，并且杨女士的还贷行为也不能被认定为对钱先生的借贷。

《最高人民法院关于适用〈中华人民共和国民法典〉婚姻家庭编的解释（一）》（法释〔2020〕22 号）第 78 条规定："夫妻一方婚

前签订不动产买卖合同，以个人财产支付首付款并在银行贷款，婚后用夫妻共同财产还贷，不动产登记于首付款支付方名下的，离婚时该不动产由双方协议处理。依前款规定不能达成协议的，人民法院可以判决该不动产归登记一方，尚未归还的贷款为不动产登记一方的个人债务。双方婚后共同还贷支付的款项及其相对应财产增值部分，离婚时应根据《民法典》第1087条第一款规定的原则，由不动产登记一方对另一方进行补偿。"本案中，双方就房屋分割无法达成协议，因此法院判决该房屋归产权登记方钱先生所有。考虑到购房款中有首付款20万元系钱先生用个人财产支付，离婚时该部分财产应认定为个人财产，其自然增值也属于个人，因此法院判决如下：钱先生在扣除其个人财产20万元占购房款的比例以及对应的增值部分后，在判决生效之日起三十日内一次性补偿杨女士房屋价款的一半即205万元。

关联法条 《民法典》第1062条；《最高人民法院关于适用〈中华人民共和国民法典〉婚姻家庭编的解释（一）》（法释〔2020〕22号）第78条

11. 婚后一方父母支付首付款、双方共同还贷的房屋，属于共同所有吗？
——夫妻共同财产的认定

薛女士和陈先生于2006年6月13日经人介绍相识，2007年12月4日登记结婚，2016年5月生育一子陈某。后两人矛盾频发、感情不和，陈先生于2021年1月诉至法院要求离婚，薛女士当庭表示同意离婚。但两人对于房屋分割问题产生争议。经查，陈先生曾于2011年购买位于北京市某小区的房屋一套。其中，首付款18万元由陈先生父母出资，剩余房款以陈先生的名义按揭贷款，陈先生与薛女士共同偿还贷款24万余元，尚欠贷款37万余元未还。此外，房屋的装修款10万元由薛女士母亲出资。陈先生在庭审中主张，因首付款为自己父母出资，并且房屋登记在自己名下，因此该房屋应为其个人财产，不同意作为共同财产予以分割。薛女士则主张，因后续贷款由双方共同偿还，且与银行之间的借款合同中写明其为共有人，因此该房屋应作为共同财产依法进行分割，并向法院提交房屋评估申请。经申请，法院委托某房地产咨询评估有限责任公司对涉案房屋市场价格进行评估，确定该房屋公开市场总价为326万余元。法院会支持哪方的诉讼请求？婚后父母支付首付，夫妻共同还贷的房屋属于夫妻共同财产吗？

现实生活中，双方父母为新婚夫妻购买房屋出资的情况并不少见，这既有新婚伊始夫妻财力并不充足的缘由，也是心疼体贴子女的拳拳父母心所致。但由复杂的出资状况引发的纠纷也随之而来。为妥善解决类似纠纷，《最高人民法院关于适用〈中华人民共和国民法典〉婚姻家庭编的解释（一）》（法释〔2020〕22号）第29条以父母是否在婚前出资为区分，设定了不同的认定规则。该条第2款规定："当事人结婚后，父母为双方购置房屋出资的，依照约定处理；没有约定或者约定不明确的，按照《民法典》第1062条第一款第四项规定的原则处理。"这款规定拟解决的是父母出资的认定问题。根据这款规定，当事人之间没有约定或者约定不明确时，父母的出资将作为对双方的赠与，从而属于夫妻共同财产。除非父母在出资时明确表示该部分出资系作为对夫妻某一方的赠与。本案中，涉案房屋系夫妻二人婚后购买，陈先生的父母虽支付了首付款，但并未有证据表明二人在支付首付款时有明确的对陈先生个人赠与的意思。因此根据《最高人民法院关于适用〈中华人民共和国民法典〉婚姻家庭编的解释（一）》（法释〔2020〕22号）第29条第2款以及《民法典》第 1062 条第 1 款第四项规定，陈先生父母支付的首付应当认定为对薛女士和陈先生二人的赠与，属于夫妻共同财产。在这一基础上，二人又用共同财产偿还房贷，因此该房屋应当属于夫妻共同财产。

原《婚姻法》及其司法解释对于父母出资为子女购买房屋的情形也有所规定，但与现《民法典》及司法解释的内容有所不同。《最高人民法院关于适用〈中华人民共和国婚姻法〉若干问题的解释（三）》（现已失效）第 7 条第 1 款规定："婚后由一方父母出资为子女购买的不动产，产权登记在出资人子女名下的，可按照《婚姻法》第 18 条第（三）项的规定，视为只对自己子女一方的赠与，该不动产应认定为夫妻一方的个人财产。"对比后可以发现，两条规定适用的情形并不相同。《最高人民法院关于适用〈中华人民共和国婚姻法〉若干问题的解释（三）》第 7 条第 1 款规定，只能在一方父母为子女出全资购买的情形下适用，且主要目的在于直接认定房屋归属。而《最高人民法院关于适用〈中华人民共和国民法典〉婚姻家庭编的解释（一）》（法释〔2020〕22 号）第 29 条第 2 款既可以适用于一方父母为子女出全资购买的情形，也可以适用于仅出资部分的情形，因此目的并不在于直接认定房屋归属，而是在于判断这部分出资是对子女个人的赠与，还是对夫妻双方的赠与，从而间接影响房屋归属之认定。

由此可见，虽然新旧条文对于父母出资买房的问题作出了不同规定，但都无法得出涉案房屋属于一方个人财产的结论。法院在审理本案时，也认为陈先生的主张并不能成立。首先，陈先生个人并不能基于自己父母的赠与获得这套房屋的所有权。购买该套房屋的首付款虽为陈先生父母所出，但并非谁缴纳首付款即为所有人。陈先生的父母并非该套房屋的所有人，那么也就不能将这套房屋赠与陈先生个人。其次，在诉讼中，陈先生认可薛女士的母亲出资 10 万元装修费，后陈先生与薛女士又共同偿还贷款，这说明薛女士与其母亲对该套房屋也有高额投入。如果仅因为陈先生父母支付首付款，就认定房屋所有权人为陈先生个人，这样的结果显然不符合民法的公平原则，无法得到普遍的社会认同。再次，该套房屋系陈先生与薛女士婚后购买，虽然登记在陈先生一人名下，但陈先生与薛女士在此共同居住生活，说明购买该套房屋系为解决陈先生与薛女士共同居住问题。最后，不论是根据新法条还是旧法条的规定，该房屋均属于夫妻共同财产。综上所述，法院支持了薛女士的诉讼请求，涉案房屋应作为双方婚后取得的共同财产予以分割。

关联法条

《民法典》第 1062 条；《最高人民法院关于适用〈中华人民共和国民法典〉婚姻家庭编的解释（一）》（法释〔2020〕22 号）第 29 条

12. 擅自转移配偶的人身损害赔偿款，应承担侵权责任吗？

——夫妻个人财产的认定

阿喜和虎子两人为青梅竹马，结婚后不久生下一子。但好景不长，2010 年的一天，阿喜在上街买菜途中被轿车撞倒，后虽康复，但造成终身残疾，后半生只能依靠轮椅生活。肇事方将全部赔偿款项 105 万元人民币一次性存入阿喜名下的储蓄卡。由于阿喜行动不便，便将储蓄卡密码告知虎子，需要用钱时就让虎子去银行取款。虽然阿喜身体状况大不如前，但正因为有这笔赔付款，阿喜本人能够得到较为专业、全面的治疗和护理，全家人的生活水平也并未出现明显下降。一段时日过后，阿喜和虎子两人之间渐生嫌隙，因生活琐事而矛盾频发，阿喜无奈搬走与母亲同住。随着矛盾的累积，阿喜预感自己与虎子之间的婚姻或许将走到尽头。考虑到自己的身体状况以及年迈的老母亲，阿喜决定未雨绸缪，早做打算。当阿喜在母亲的陪同下，到银行查询自己的储蓄卡余额时，却猛然发现105万元赔偿款只剩几十元。阿喜连忙联系虎子质问赔偿款去向，但虎子却支支吾吾不肯正面回答。一气之下，阿喜将虎子告上法庭，要求虎子返还事故赔偿款以及利息。法院会支持阿喜的请求吗？婚内所得的赔偿款是夫妻共同财产还是一方个人财产呢？作为配偶，其未经对方同意擅自处理对方个人财产的行为也构成侵权吗？

根据《民法典》第1063条，一方因受到人身损害获得的赔偿或补偿属于夫妻一方的个人财产。因此即便是在婚姻关系存续期间，阿喜因车祸造成人身损害而获得的赔偿和补偿款均属于其个人财产。本案中，肇事者在与阿喜沟通赔付款项时，载明赔偿款包括残疾赔偿金、辅助器具费、误工费、护理费、交通费、被扶养人生活费、住宿费、住院伙食补助费、后续治疗费、营养费、精神损害抚慰金等。其中残疾赔偿金、辅助器具费、护理费、住宿费、住院伙食补助费、后续治疗费、营养费、精神损害抚慰金等都是对阿喜人身损害的赔偿和补偿，因此均属于其个人财产。阿喜因事故无法生产，误工费属于对其遭受损害的赔偿，本质上属于本应获得的工作收入或生产收益，因此应根据《民法典》第1064条规定，认定为夫妻共同财产。根据《人身损害赔偿司法解释》第16条有关被抚养人生活费计入残疾赔偿金内的规定，可以推知，被抚养人生活费性质与残疾赔偿金相同，均应属于个人财产。因此，赔偿金105万元人民币中，扣除误工费后剩余的费用均为阿喜的个人财产。

本案中，各种费用的种类虽然列明，但每项费用的具体数额并不明确。至起诉时，因生活和治疗以及护理实际的花费也应从阿喜的个人财产中扣除，从而计算应剩余的阿喜个人财产数额。但本案中阿喜和虎子二人均无法对实际花去的费用形成统一意见，任何一方都无法提供有价值的证据，因此法院只能根据当时当地人身损害标准、人均纯收入和人均生活消费水平去预估实际花费，预估结果为已支出治疗费、护理费等11万元，被抚养人生活费4万元，误工费13万元，个人消费2万元。阿喜因事故所得个人财产应为105万元扣去误工费（夫妻共同财产）之后所剩的92万元。在扣除法院预估已支出的数额外，阿喜应当仍剩余75万元。

阿喜出行不便，又距县城较远。虎子承认自己知道储蓄卡密码并多次提款的事实，但不能证明储蓄卡中存款的去向。因此法院综合种种现实情况，认为虎子应当承担不能举证证明的法律后果，认定了虎子占用阿喜75万元个人财产的事实。虽然阿喜和虎子是夫妻，但对于个人财产的保护同样适用于配偶的侵权行为。本案中，虎子未经阿喜同意，擅自取走作为阿喜个人财产的存款，阿喜对此有权主张返还。误工费虽然是夫妻共同财产，但虎子同样在阿喜不知情的情况下全部挥霍，因此对于误工费中经过析产后属于阿喜所有的部分，虎子同样构成侵权，并应承担返还责任。最终，法院判决虎子归还阿喜个人财产815000元。

> **关联法条**　《民法典》第1063条、第1064条；《最高人民法院关于审理人身损害赔偿案件适用法律若干问题的解释》（法释〔2022〕14号）第16条

13. 双方约定"不得提出离婚"，这样的"保婚协议"是否有效？
——夫妻财产约定的效力

2010年12月，杨小姐与刘先生经人介绍登记结婚。婚前，刘先生购买了商品房一套、轿车一辆。婚后二人签订了一份协议，协议约定上述房子和车辆为夫妻共同财产，但同时载明如若杨小姐提出

离婚，则协议无效。由于两人婚前对彼此了解较少，感情基础较为薄弱，婚后不久双方经常因家务琐事产生矛盾，并逐渐达到无法调和的程度。2014年，杨小姐终向法院起诉要求离婚。刘先生表示同意离婚，但由于离婚是由杨小姐提起的，因此杨小姐应遵守两人之间的约定，自己婚前购买的房屋以及轿车与杨小姐无关。杨小姐却表示自己婚后一直在全心全意照顾家庭，但每次发生争吵时，丈夫都会拿出这份"保婚协议"来威胁自己，让自己不要妄想离婚。杨小姐认为，两人之间本就不深的情分已被丈夫的行为消耗殆尽，"保婚协议"只约束自己，要求自己不得提出离婚，但对丈夫却没有约束，因此极不公平，要求法院认定该协议无效。法院会怎么判决呢？

《民法典》第1065条规定："夫妻双方可以约定婚姻关系存续期间所得财产以及婚前财产归各自所有、共同所有或部分各自所有、部分共同所有……夫妻对婚姻关系存续期间所得的财产以及婚前财产的约定，对双方具有法律约束力。"本案中，"保婚协议"在双方真实意愿的基础上达成，并以书面形式记载，双方对此并无异议。协议约定刘先生婚前所有的一套房屋以及一辆轿车作为夫妻共同财产，符合《民法典》第1065条的规定，因此该约定有效，对双方都具有效力。

生活中，在婚前或者婚内签订一纸"保婚协议"的行为并不少见。约定"谁提离婚，谁就净身出户"的本意在于促使双方打消离婚念头，保持长久平稳的婚姻关系。但婚姻关系本应靠双方悉心经营，"保婚协议"实际上不但不会助益婚姻关系的健康发展，反而如本案中杨小姐控诉的那般，会使双方对婚姻维系产生怠懒态度，不愿也不知如何处理家庭矛盾，最终也只能违背制定协议的初衷，通过离婚解脱婚姻束缚。

签署"保婚协议"在一定程度上表明双方对婚姻关系的珍视。然而，这样的协议却有限制离婚自由的嫌疑。婚姻自由不仅包括结婚的自由，还包括离婚的自由。婚姻中双方都有提出离婚的自由。

婚姻自由与人身自由密切关联，不得被剥夺，更不允许当事人通过约定放弃。若法律行为的实施以限制甚至剥夺离婚自由以及人身自由作为条件，则会因违反法律强制性规定和违背公序良俗而无效。本案中，只有杨小姐的离婚自由受到了约束，而刘先生的离婚自由并未受到约束，这并不公平。如果承认这种不公平协议的效力，将严重损害当事人的合法权益。因此，本案中的"保婚协议"无效，但有关房屋和轿车均为夫妻共同财产的约定仍然有效。法院最终认定，"若杨小姐提出离婚，协议就无效"的约定因违背公序良俗而无效，案涉房屋、轿车属于夫妻共同财产。

关联法条 《民法典》第 1065 条

14. 夫妻一方擅自出卖共有房屋，另一方能要求返还吗？

——夫妻共同财产的返还

高小姐与赖先生于 2003 年登记结婚，后因性格不合，于 2016 年经法院判决解除夫妻关系。离婚时，两人就子女抚养和探望问题达成一致意见，但并未对夫妻共同财产进行处理。后高小姐于 2020 年起诉至法院，要求分割位于广州市的某处房产。高小姐称，该房屋系赖先生在两人婚姻关系存续期间购买，因此属于夫妻共同财产。但赖先生表示，这套房屋已经于 2017 年通过中介卖出。法院查明，该套房屋原来登记在赖先生个人名下，2017 年通过中介公司以 215 万元价格卖给瞿先生。交易方式是按揭付款，定金为 15 万元，首期款 120 万元，余下 80 万元由买方通过银行贷款进行支付。法院查明，这套房屋本归赖先生母亲所有，2010 年赖母因故去世，而赖先生是独子，这套房屋便由赖先生继承。赖先生认为，这是母亲留给自己的房屋，应该属于自己的个人财产。对于个人财产，自己当然可以自由处置，因此赖先生认为高小姐的要求简直就是无理取闹。现在高小姐主张赖先生未经自己同意擅自处理夫妻共同财产的行为无效，要求买方瞿先生返还房屋，并分割一半产权。法院会支持高小姐的主张吗？该房屋是否属于夫妻共同财产？夫妻一方未经另一方同意擅自出卖房屋之后，被隐瞒的一方有权追回该房屋吗？

根据《民法典》第 1065 条规定，夫妻双方可以约定婚前取得的财产以及婚姻关系存续期间取得的财产为夫妻共有或个人所有，未作相关约定的，将根据法律规定确定为夫妻个人财产或夫妻共同财产。本案中，高小姐与赖先生婚后并未如前述规定对财产进行约定，因此双方在婚后取得的财产应属于夫妻共同财产。而根据《民法典》第 1062 条及第 1063 条，夫妻在婚姻关系存续期间因继承所得的财产属于夫妻共同财产，除非遗嘱中确定该财产只归一方。本案中，赖先生系依据法定继承从去世的母亲手中获得这套房屋的，其中并不存在遗嘱。也就是说，赖先生的母亲作为被继承人并没有作出这套房屋只能归赖先生一人所有的意思表示。因此即便如赖先生所说，这套房屋的确是从自己母亲手中获得，但由于获得时间在婚姻关系存续期间，且赖先生取得房屋所有权并非基于遗嘱继承，而是通过法定继承，因此该房屋自赖先生获得所有权时起就成为夫妻共同财产。此后，赖先生也并未与妻子达成该房屋所有权仅归自己一人的约定，因此该房屋根据法律规定仍属于夫妻共同财产，即便房屋仅登记在赖先生一人名下，也不例外。

《民法典》规定夫妻双方对于夫妻共同财产有平等处理权。这就意味着在处理房屋等重要夫妻共同财产时，夫妻双方应共同协商、一致决定。但在现实生活中，侵害配偶平等处理权，隐瞒配偶擅自处置共有房屋的情形并不少见。司法实践中，房屋买卖合同生效后，夫妻因房价高涨而反悔，借口另一方不知情而背信弃诺的行为也时有发生。为使夫妻不能从这种不诚信行为中获利，也出于保护交易安全的考量，《最高人民法院关于适用〈中华人民共和国民法典〉婚姻家庭编的解释（一）》（法释〔2020〕22号）第28条规定，即便夫妻一方未经另一方同意出售夫妻共同共有房屋，但当第三人善意购买、支付合理对价并办理产权登记手续后，受欺瞒一方主张追回该房屋，人民法院也不予支持。

本案中，房屋实际上虽归高小姐和赖先生共有，但对外显示为赖先生个人所有。翟先生作为购房人通过正当渠道购买房屋，没有义务也无法查证登记信息与实际情况是否属实。故翟先生在购房过程中明显是不知情且没有过错的，因此属于善意第三人。除此之外，翟先生已经支付完毕价款，并且办理了产权登记手续，房屋交易已经完成。因此，即便确实存在高小姐不知情的事实，高小姐也无法追回该房屋。最终，法院认为该房屋曾属于高小姐及赖先生共同所有，但未支持高小姐要求翟先生返还房屋并分割一半产权的主张。

关联法条
《民法典》第1062条、第1063条、第1065条；《最高人民法院关于适用〈中华人民共和国民法典〉婚姻家庭编的解释（一）》（法释〔2020〕22号）第28条

15. 一方将夫妻共有财产赠与他人，另一方如何保护自己的权益？

——夫妻共同财产的返还

李女士与宋先生于1998年4月10日登记结婚。婚后二人共同打拼，创办公司并持续盈利。但好景不长，因事业小有成就便开始飘

飘然的宋先生通过朋友介绍与小杨认识并发展为情人关系，而妻子李女士一直被蒙在鼓里。为维持与小杨之间的关系，宋先生许诺将其与妻子名下的一套房屋送给小杨。在小杨的要求下，宋先生将赠送房屋的承诺用书面形式记载了下来，并签上了自己与小杨两人的姓名。在小杨的催促下，宋先生很快将房屋过户到了她的名下。然而纸包不住火，李女士最终发现丈夫的端倪，而且丈夫已经将自己与其共有的房屋赠送给了小杨。愤怒的李女士与丈夫争吵，并赶到小杨的住所，要求其立即搬走并归还房屋，但小杨并未理睬李女士。多次索要房屋未果后，李女士一纸诉状将小杨告上法庭，认为丈夫宋先生背着自己私自将共有房屋赠给与其有不正当关系的小杨，不仅违反了相关法律规定，也违背了公序良俗和社会道德，要求小杨返还房屋。诉讼中，被告小杨经合法传唤，未到庭参加诉讼。宋先生的赠与行为有效吗？小杨不到庭会影响裁判的进行吗？

本案中，涉案房屋为李女士与宋先生二人的夫妻共同财产。根据《民法典》第1062条第2款规定，对于夫妻共同财产，夫妻双方有平等的处理权。平等的处理权主要体现在两个方面。一方面，因日常家庭生活需要而对夫妻共同财产实施的民事法律行为，夫妻中任何一方均可以单独决定，且后果由双方承担。另一方面，夫或者妻非因日常生活需要对夫妻共同财产作出重要处理决定时，夫妻双方应平等协商，取得一致意见，否则由此产生的债务将属于个人债务。而与房屋有关的交易或赠与行为显然并不属于日常家庭生活的范围，并非夫妻一方所有且超出了日常家庭生活需要而负担的债务范围，均属于个人债务。《民法典》第1064条第2款规定，当债权人能够证明该债务用于夫妻共同生活、共同经营或者基于夫妻双方共同意思表示时，即便是夫妻一方以个人名义超出家庭日常生活需要所负的债务，也属于夫妻共同债务。本案中，宋先生为安抚小杨签署赠与房屋的书面承诺可以被认定为是一份赠与合同。因为这份赠与合同，小杨有可能成为债权人。宋先生由此可能承担的债务，既非用于夫妻共同生活，也非用于共同经营，更非基于夫妻双方共同意思表示。因此这份赠与合同并不能对李女士发生效力，作为财产共有人的李女士并不受该赠与合同的约束。也就是说，小杨并不能要求李女士履行这份赠与合同。

那么小杨能要求宋先生履行这份赠与合同吗？虽然宋先生不能单独处置其与妻子共有的房屋，但是有与他人订立合同的自由，即使这份合同将使他负担转移房屋所有权的义务。即便如此，答案依旧是不能。本案中，宋先生虽然是出于真实意愿与小杨达成了赠送房屋的协议，但这份协议因为违背公序良俗而无效。《民法典》第153条第二款规定，违背公序良俗的行为无效。公序良俗包括公共秩序和善良风俗两个方面，其中公共秩序是指法律秩序，善良风俗是指法律秩序之外的道德。在我国，不忠于配偶的行为不但会违背法律秩序，也会受到社会公众的一致谴责。本案中，宋先生将其与妻子共有的财产赠送给情人以维持婚外情的行为，显然有违公序良俗，宋先生与小杨之间就房屋成立的赠与合同无效。小杨并不能要求宋先生根据赠与合同向自己履行转移房屋所有权的义务。因此，本案中，小杨虽然通过过户登记手续已经取得了房屋的所有权，但由于其与宋先生之间的赠与合同无效，因此所有权的取得并没有合法依据。根据《民法典》第985条规定，得利人没有法律根据取得不当利益的，受损失的人可以请求得利人返还取得的利益。本案中，李女士作为房屋原本的所有权人，可以请求小杨返还房屋。因此法院可以支持李女士的诉讼请求。

但本案中，小杨作为被告并未出席参加诉讼，这会影响法院的判决吗？答案是不会。根据《民事诉讼法》第147条的规定，被告经传票传唤，无正当理由拒不到庭的，或者未经法庭允许中途退庭的，可以缺席判决。本案中，小杨并未提供自己不能出席的理由，因此属于无正当理由拒不到庭的情形。对此，法院可以缺席判决。

最终，法院也是在被告小杨缺席的情况下支持了原告李女士的诉讼请求。

关联法条 《民法典》第 153 条、第 985 条、第 1062 条、第 1064 条；《民事诉讼法》第 147 条

 16. **个人犯罪后的退赃退赔责任，能否转化为夫妻共同债务？**

——夫妻共同债务的认定

程兵与肖水于 2008 年登记结婚。2013 年 12 月至 2015 年 2 月，程兵通过签订借款合同的方式前后共计诈骗周某某 676 万元。在该时间段内，程兵分 57 次向妻子肖水转款共 380 万元。此后，肖水将其中的 206 万元用于购买住房、汽车及装修商铺。由于肖水平日里花钱大手大脚，钱财很快挥霍一空，便想让丈夫程兵再转给自己 100 万元以供日常奢侈开销。但是丈夫程兵深知妻子的本性，借故拿不出这笔钱。肖水"被逼无奈"下，便与"好闺蜜"李某设计"剧情"一起欺骗程兵拿钱：肖水假装生意周转向李某借了 120 万元，并打了一张假借条。随后李某持假借条多次上门向程兵催讨欠款，称其妻子因生意周转所欠的债，属于夫妻共同债务，丈夫也得还！程兵向妻子询问确有其事之后，出于对妻子的信任，只好给李某转账，该笔钱款很快被肖水、李某挥霍一空。2015 年 3 月 9 日，程兵与肖水经法院调解离婚，二人最终达成财产分割协议，肖水分得了前述住房、商铺及汽车。2017 年 9 月，法院作出的生效刑事判决认定，程兵以非法占有为目的，假借借款名义，骗取周某某 676 万元

后，将该笔钱款转入了肖水等人账户或用于个人消费，最终判处程兵有期徒刑15年，并处罚金15万元，同时责令程兵退赔周某某676万元。但程兵一直未予退赔。2018年5月，周某某诉至法院，要求肖水在380万元的范围内承担清偿责任。法院会支持周某某的请求吗？

周某某能否要求肖水偿还前夫所欠借款，这实际上是有关如何认定夫妻共同债务的问题。首先，根据最高人民法院有关民间借贷问题的规定，借贷行为涉嫌犯罪，或者生效判决已认定构成犯罪，当事人提起民事诉讼的，民间借贷合同并不当然无效。无论案涉合同的效力如何，犯罪行为所具有的刑事制裁性不能消灭程兵与周某某间的合同关系，因此本案中基础债务关系仍然存在，程兵负有偿还借款的义务。其次，根据《最高人民法院关于适用〈中华人民共和国民法典〉婚姻家庭编的解释（一）》（法释〔2020〕22号）第34条的规定："夫妻一方在从事赌博、吸毒等违法犯罪活动中所负债务，第三人主张该债务为夫妻共同债务的，人民法院不予支持。"本案中，程兵通过与周某某签订借款合同的手段进行财物诈骗，由此形成的侵权之债已超出了家庭日常生活需要所负债务的范围。除此之外，法院生效判决确认其借贷行为已构成诈骗罪，依据前述司法解释的规定，程兵的借贷行为原则上应认定为属于其个人债务，肖水并无义务偿还。

然而，由于程兵将380万元转到了妻子的账户上，妻子使用其中206万元购置房屋、小汽车以及装修店铺的行为，应当认为符合《民法典》第1064条所规定的用于"夫妻共同生活""共同生产经营"之范畴，故而属于夫妻共同债务，应当由夫妻共同偿还。剩余170万元为肖水所独自享有，用于自身的消费开支，此时是否属于夫妻共同债务，法律没有对此作出明确规定。倘若依据举轻以明重的法理，财产利益为夫妻二人共享时尚被认为属于共同债务，而被夫或妻一方所独享时，由该方与举债人承担共同清偿责任更合乎情理。因此，即便程兵与肖水已经离婚，但该 380 万元作为夫妻关系存续期间的共同债务，二人仍应当共同偿还。共同财产不足清偿或财产归各自所有的，由双方协议清偿，协议不成的，由人民法院判决。

还需要注意的是，妻子与他人合谋伪造债务，丈夫有义务偿还吗？夫妻一方举债用作共同生产经营的，债务人能够举证予以证明的，应当认为属于夫妻共同债务。但本案中，肖水与李某恶意串通，虚构债务，根据《最高人民法院关于适用〈中华人民共和国民法典〉婚姻家庭编的解释（一）》（法释〔2020〕22 号）第 34 条规定："夫妻一方与第三人串通，虚构债务，第三人主张该债务为夫妻共同债务的，人民法院不予支持。"故肖水所"欠"的生意周转款不应认为是夫妻共同债务，程兵没有义务偿还妻子的"借款"。倘若李某手持借条将程兵告上法庭，则必须要提供证据证明借款交付的事实，仅有借据而无任何交付凭证并且当事人陈述有重要疑点和矛盾的，应依据证据规则认定李某未完成举证义务，判决驳回其诉讼请求。

关联法条 《民法典》第 1064 条；《最高人民法院关于审理民间借贷案件适用法律若干问题的规定》（法释〔2020〕17 号）第 12 条；《最高人民法院关于适用〈中华人民共和国民法典〉婚姻家庭编的解释（一）》（法释〔2020〕22 号）第 34 条

17. 夫妻"假离婚"以逃避债务，债权人如何主张债权？
——夫妻共同债务的认定

段布布与吴依依婚后一起经营了一个小商铺，但不幸遭遇了剧烈的市场波动，几乎难以为继。为了不让店铺"黄"了，段布布费尽周折，于 2018 年 7 月向自己的亲戚张大伯借了 50 万元以作周转。此后，段布布得知自己位于老家的一处房产要拆迁，为了逃避债务，夫妻二人便动起了坏心思，想要假离婚后将房产转移至吴依依名下。2019 年 1 月 7 日二人协议"假离婚"，并签订了离婚协议，就夫妻财产等问题进行了约定。其中，该离婚协议第五条约定："所借张某五十万元的债务，由男方段布布全部偿还。"办理了离婚手续后，段布布将名下房屋过户给吴依依，并将房屋拆迁补偿款 70 万余元全数转至吴依依名下。还款日期届满后，张大伯屡次要求段布布偿还该笔借款，但段布布表示当前手头确实没有闲钱，离婚时财产都被吴依依分走了。无奈之下，急等用钱的张大伯只好找到了吴依依，将吴依依告上了法院，请求法院判决吴依依偿还该笔债务。

吴依依在离婚后是否还应当继续偿还婚内共同债务，这关系到婚姻关系解除后夫妻一方能不能免除共同债务的清偿责任问题。首先，夫妻双方对共同债务负共同清偿责任，主要是基于以下几个方面的考虑：（1）夫妻对该债务的形成具有共同的承诺，又或者夫妻共享了相应的财产利益，不论作为债务人的夫妻之间关系如何变化，都应当对债务人共同承担清偿责任；（2）债务人的婚姻变化为外人难以预料，也无法被债权人所控制；（3）夫妻共同财产是夫妻共同债务的全部担保，债权人对债务人的信赖是建立在其夫妻共同财产的负担能力基础之上的。如果允许债务人通过离婚协议或人民法院的生效判决来移转或改变夫妻双方对外承担的共同债务，债权人的权利就可能因债务人婚姻关系的变化而实质性地丧失。例如，双方在离婚协议中对夫妻共同财产和共同债务进行约定，将夫妻共同债务约定为完全由无清偿能力的一方承担，显然这将极大地损害债权人的利益，危及社会财产的流转秩序。本案中，段布布和吴依依虽然在离婚协议中对夫妻的财产进行了分割，并约定夫妻共同债务全部由男方一人承担，但这种约定不能损害第三人（债权人）的利益，不得移转和变更夫妻对外承担的共同债务清偿责任。因此，张大伯仍有权就夫妻共同债务向段布布、吴依依一方或双方主张权利，吴依依有义务对该夫妻关系存续期间的共同债务进行偿还。

既然债权人还可以就婚姻存续期间的共同债务向男女双方请求偿还，那是不是离婚协议中有关共同债务承担的约定就没有法律效力了呢？当然不是。根据《最高人民法院关于适用〈中华人民共和国民法典〉婚姻家庭编的解释（一）》（法释〔2020〕22 号）第 35 条之规定："一方就夫妻共同债务承担清偿责任后，主张由另一方按照离婚协议或者人民法院的法律文书承担相应债务的，人民法院应予支持。"此时离婚协议关于夫妻共同财产和共同债务的负担原则即为夫妻一方要求另一方承担相应责任的依据和标准。吴依依对外清偿完共同债务后，债权债务关系即告消灭。除非段布布能够提供充足的证据，证明二人离婚协议中有关共同债务分担的约定并非出于真实的意思表示，否则吴依依还可以离婚协议的约定为依据，请求段布布承担相应的责任。

实践中，夫妻出于购置房屋、政策性分房、逃避债务等目的约定"假离婚"，结果夫或妻一方之后有了外遇或者基于其他考虑拒绝复婚，"假离婚"由此变成了"真离婚"，由此引发的"财产纠纷大战"屡见不鲜。一方面，要懂法、守法，学会保护自己的合法权益；另一方面，只有幸福的婚姻才不会有"悲剧"的上演，勿要落得人财两空才追悔莫及！

关联法条　《民法典》第 1065 条；《最高人民法院关于适用〈中华人民共和国民法典〉婚姻家庭编的解释（一）》（法释〔2020〕22 号）第 35 条

18. 离婚前一方擅自订购家电，离婚后另一方有偿付价款义务吗？
——夫妻之间的日常家事代理权

张女士与毕先生于 2019 年 10 月 16 日登记结婚。2020 年 11 月，张女士向某商家预订了一台价值 2853 元的洗衣机，支付了定金 500 元。2021 年初，张女士与毕先生因琐事争吵，之后张女士搬出二人住处，自己另外租房子住。2021 年 6 月 27 日，商家按约定将洗衣机送货上门，并收取剩余货款，但毕先生拒收并拒绝付款。电器公司遂联系张女士，在得知其改变住所后表示可送货至现住处，但遭到其拒绝。张女士与毕先生于 2021 年 7 月 28 日在民政局协议离婚，离婚协议中明确约定：双方确认在婚姻关系存续期间无共同债权债务；若有欺瞒，日后证实在婚姻存续期间任何一方对外负有债务的，由负债方自行承担，与另一方无关。如一方因对方在外举债受到牵连，举债方赔偿未举方因此造成的一切经济损失（包括但不限于债务承担款项、律师费、诉讼费、保全费、执行费、交通费、误工费等合理费用），且举债方应承担对该协议的违约责任。此后，商家多次表示希望两人能按约定履行洗衣机买卖合同，但均遭拒绝。2021 年 8 月 7 日，商家起诉二人，要求支付剩余价款并赔偿因此遭受的损失。毕先生认为，自己对洗衣机交易并不知情，买洗衣机完全是前妻一人的决定，因此这笔买卖与自己无关，电器公司应向前妻讨要剩余的价款。此外，根据自己与前妻达成的约定，两人已经确认在婚姻关系存续期间并无共同债权债务，即便构成共同债务，也应根据约定由前妻一人承担，与自己无关。法院会怎么判决呢？电器公司只能向张女士讨要剩余价款以及追偿相关损失吗？张女士和毕先生在离婚时达成的协议对认定夫妻共同债务将产生何种影响呢？

《民法典》第1060条规定，夫妻一方因家庭日常生活需要而实施的民事法律行为，对夫妻双方发生效力，但是夫妻一方与相对人另有约定的除外。因此为方便婚后生活，夫妻一方可不经另一方同意，独自安排家庭日常事务。本案中，张女士与电器公司签订洗衣机买卖合同的行为，显然是出于满足两人日常洗衣需要。此外，本案中没有证据表明张女士与电器公司在签订洗衣机买卖合同时，特别约定了购买行为仅对张女士发生效力，由此产生的债务仅由张女士一人承担。故即便未经毕先生同意，购买洗衣机的行为也对毕先生发生效力，由此产生的债务也应根据《民法典》第1060条的规定而被认定为夫妻共同债务。因此，张女士独自与电器公司签订洗衣机买卖合同而导致的夫妻共同债务，在该洗衣机买卖合同生效时就已经产生。

在离婚过程中，张女士与毕先生约定任何一方自行承担自己在婚姻关系存续期间对外产生的债务，否则受牵连方有权要求另一方赔偿因此造成的一切损失。这个约定为双方真实意愿的达成，并未违反法律强制性规定，也不违反公序良俗，在无人主张也无证据证明存在其他效力瑕疵的前提下，不应当轻易否定其效力，否则有违意思自治。在约定中，张女士和毕先生均已表明对婚姻关系存续期间由各自行为产生的债务各负其责的意思。但在本案中，由于张女士购买洗衣机而形成的共同债务在先，两人之间有关各负其责的约定在后，因此这笔共同债务的形成并不受两人约定的影响。

此外，虽然《民法典》并不禁止夫妻之间事先就一方可以实施的民事法律行为范围进行限制，但该限制并不得对抗善意第三人。本案中，张女士与毕先生的约定不会对债权人电器公司主张债权产生影响。因此毕先生并不能以其与张女士之间已经达成约定为由，拒不履行其对电器公司的债务。法院最后也认定张女士对家电公司所负的支付剩余价款及损失赔偿的债务属于夫妻共同债务，张女士与毕先生有义务共同偿还该债务。张女士与毕先生之间的约定虽然不能对共同债务的成立产生影响，但可作为共同债务的分担规则，在两人之间产生效力。因此，毕先生可以在对电器公司履行债务后，根据两人之间的约定向张女士追偿。

关联法条 《民法典》第 1060 条

 ## 19. 离婚时双方约定把共有房屋给孩子，离婚后还能反悔吗？

——离婚时对共同财产处理的效力

于女士与高先生原本是夫妻，两人结婚后不久育有一子小高。但几年后，双方因感情不和，经法院调解离婚。离婚时，高先生名下有一套位于北京市的房屋，这套房屋为于女士与高先生二人共同共有。在对共有财产进行分割时，双方一致同意不对这套共有房屋进行分割，而是通过离婚协议约定：在高先生付清房屋全部贷款后，这套房屋归儿子小高所有。后于女士起诉到法院称，高先生并未按照约定付清贷款，房屋目前还处于自己与前夫共有的状态。现于女士改变了主意，不打算将自己的部分赠与儿子小高，因此主张撤销之前的赠与行为，请求人民法院对这套房屋进行分割。高先生则认为，离婚协议中存在对自己并不公平的条款，例如由自己独自偿还夫妻二人的共同债务等，而自己之所以同意这些不公平条款，就是因为前妻同意将共有房屋赠与儿子。现在前妻出尔反尔不仅对自己极不公平，更是损害了儿子的权益，因此请求法院驳回前妻的诉讼请求。法院应该怎么判决呢，于女士提出的重新分割共有财产的请求能得到法院支持吗？

于女士的诉讼请求能否得到法院的支持，关键在于"双方通过离婚协议达成的将共有房屋赠与儿子"约定的效力，以及于女士是否能撤销或解除该约定。根据《最高人民法院关于适用〈中华人民共和国民法典〉婚姻家庭编的解释（一）》（法释〔2020〕22号）第69条的规定，离婚协议中关于财产处理的条款对于双方具有法律约束力。本案中，于女士和高先生两人均明知这套房屋归双方共同所有，对于房屋的还贷情况也并无争议。在制定离婚协议时，双方均同意由一方偿还剩下的贷款，并将该房屋赠与儿子。双方虽未对房屋进行分割，但已经就房屋的处理达成了一致意见。因此离婚协议中有关处理这套共有房屋的条款对于女士和高先生双方均具有法律约束力，双方应遵守并执行，任何一方都没有任意撤销或解除的权利。

虽然于女士与高先生之间的婚姻关系已经不复存在，但二人在离婚协议中确认了关于房屋所成立的共同共有关系并不因婚姻关系的解除而消灭。二人将该房屋赠与给儿子的意思表示，正是在该套房屋属于共同所有的基础上作出的。在离婚协议中，二人约定在高先生付清房屋全部贷款后，这套房屋就归儿子所有。这实际上是一个附条件的赠与合同，条件是高先生付清全部房贷，条件满足后的法律效果就是二人的儿子小高将获得该房屋的所有权。共同所有不同于按份所有，共同共有人并不像按份共有人一样对共有物享有特定的份额，共同共有人对共有物的享有及于共有物的全部。在处理共同共有物时，应经过全体共同共有人同意。也就是说，即便于女士想要撤销对儿子小高的赠与，也应先征得前夫高先生的同意。很明显，在这个案件中，于女士事先并未征得前夫高先生的同意，从高先生在诉讼中的表现来看，他也未对于女士的行为表示认可。故于女士的诉求并不符合《民法典》中有关解除权规定的条件，于女士并不能单方面解除这份协议。

本案中，争讼双方是在离婚协议中达成的有关共有房屋的处理方案。在离婚协议中双方将"共同财产赠与未成年子女"的约定与"解除婚姻关系、子女抚养、共同财产分割、共同债务清偿、离婚损害赔偿等"内容互为前提、互为结果，构成了一个整体，是"一揽子"的解决方案。如果允许一方反悔，那么男女双方离婚协议的"整体性"将被破坏。在婚姻关系已经解除且不可逆的情况下，如果允许当事人对于财产部分反悔，将助长先离婚再恶意占有财产的有违诚实信用原则的行为，也不利于保护未成年子女的权益。

此外，双方均系未成年子女的法定代理人，可以代理子女接受赠与。于女士和高先生之间达成的有关将共有房屋赠与儿子的约定有效，于女士应受到这份协议的约束，且于女士并没有随意撤销或解除的权利。综合上述考量，法院最终驳回了原告于女士的诉讼请求。于女士与高先生之间的离婚协议中有关共有房屋的约定应得到遵守。

关联法条　《民法典》第 1076 条；《最高人民法院关于适用〈中华人民共和国民法典〉婚姻家庭编的解释（一）》（法释〔2020〕22 号）第 69 条

20. 不离婚却起诉配偶讨要孩子的抚养费，能够得到法律支持吗？
——抚养子女义务的强制性

韩女士与付先生于 2012 年 11 月 7 日登记结婚，并于 2013 年 9 月 18 日生育一子付小某。自付小某出生后，夫妻二人经常因家庭琐事发生争执，韩女士便带着孩子离开丈夫，在距离丈夫三百公里的县城租房生活。由于孩子比较年幼，韩女士无法外出工作，因此只能依靠积蓄维持二人生活。半年时间过去，韩女士与付先生之间的关系并未得到改善，积蓄也所剩不多。数次向付先生讨要孩子的抚养费失败后，韩女士以儿子付小某的名义将丈夫付先生诉至当地法院，称付先生在二人分居期间对孩子不管不问，并未尽到父亲应尽的责任，要求付先生每个月支付抚养费 1500 元，每半年支付一次，抚养费数额从 2013 年 9 月开始计算。付先生称，自己现在并无工作，而是在家务农，没有固定收入和经济来源，没有能力一次性支付如此高的抚养费。此外，夫妻二人并未离婚，妻子既然任性将孩子带走，就应将孩子照顾好，否则就应该回到自己身边，与自己共同抚养孩子。抚养费是夫妻离婚后不与孩子共同生活一方给的，自己与妻子现在并未离婚，因此没有义务支付孩子的抚养费。法院会如何判决？真如付先生所说，孩子的抚养费只能在离婚后讨要吗？如果法院支持原告关于要求付先生支付抚养费的请求，那么数额是否恰当呢？

虽然现实生活中，有关抚养费的诉讼通常在夫妻双方离婚过程中或者离婚后产生，但这并不意味着，未成年子女只能在父母离婚后向一方或双方要求支付抚养费。《民法典》第 1067 条第 1 款规定了未成年子女有要求父母给付抚养费的权利。这项权利源于父母对未成年子女的抚养义务，且并不以父母离婚为前提。此外《最高人民法院关于适用〈中华人民共和国民法典〉婚姻家庭编的解释（一）》（法释〔2020〕22 号）第 43 条明确规定，未成年子女可以在父母夫妻关系存续期间要求一方或双方支付抚养费。因此付小某作为付先生的子女，有权请求其履行抚养义务，具体形式包括但不限于定期向自己支付抚养费。

本案中，妻子擅自将孩子带离父亲身边的行为固然不值得提倡，但这并不是父亲推辞抚养义务的借口。根据《民法典》第 1068 条的规定，抚养未成年子女不仅是父母的权利，更是父母的义务。该义务不得抛弃，也不容逃避。将孩子接到身边生活固然是父亲履行抚养义务的一种形式，但这应由韩女士与付先生协商确定。此外，无固定收入或经济来源也不是付先生拒绝履行抚养义务的正当理由。父母对未成年子女的抚养义务是绝对的，无条件的。付先生既可以选择外出务工，也可以出售农产品获得收入，进而履行其对儿子的抚养义务。

根据《民法典》第1067条，抚养费包括生活费、教育费和医疗费。考虑到本案中孩子年龄较小，并未接受学校教育，教育费用暂可不支付。因此本案中被告付先生主要应当承担孩子的生活费以及医疗费。关于数额计算，《最高人民法院关于适用〈中华人民共和国民法典〉婚姻家庭编的解释（一）》（法释〔2020〕22号）第49条规定，子女抚育费的数额，可根据子女的实际需要、父母双方的负担能力和当地的实际生活水平确定。有固定收入的，抚育费一般可按照其月总收入的20％—30％的比例给付。无固定收入的，抚养费的数额可依据当年总收入或同行业平均收入，参照上述比例确定。有特殊情况的，可适当提高或降低上述比例。本案中，付先生作为孩子的父亲并无固定收入，因此法院考虑到付先生的负担能力以及当地的实际生活水平，判决付先生按照每月800元人民币的标准支付抚养费直到付小某成年。

根据当时当地的经济发展水平以及当事人的负担能力，每月800元人民币的抚养费或许是适当的。但世事变幻，法院在判决中确定的抚养费数额可能随着当事人经济收入的变化以及子女的成长需求变动而不再合理。因此《民法典》第1085条第2款规定，有关抚养费案件的判决，不妨碍子女在必要时间向父母任何一方提出超过判决原定数额的合理要求。这一款应同样适用于法院在夫妻婚姻关系存续期间作出的有关抚养费争议的判决。另外《最高人民法院关于适用〈中华人民共和国民法典〉婚姻家庭编的解释（一）》（法释〔2020〕22号）第58条也规定，存在原定抚养费数额不足以维持当地实际生活水平，或者因子女患病、上学而导致实际需要已经超过原定数额，或存在其他正当理由应当增加抚养费时，子女要求有负担能力的父或者母增加抚养费的，人民法院应当支持。因此法院判决的每月 800 元人民币标准的抚养费，在今后的生活中还可以调整。

关联法条

《民法典》第 1067 条、第 1068 条、第 1085 条；《最高人民法院关于适用〈中华人民共和国民法典〉婚姻家庭编的解释（一）》（法释〔2020〕22 号）第 43 条、第 49 条、第 58 条

21. 夫妻离婚后一方不给抚养费，另一方可以拒绝其探望子女吗？

——离婚后对子女的抚养与探望

韩小姐与杨先生于 2013 年经人介绍后结婚，婚后育有一女杨小雨。从 2015 年开始，两人逐渐因教育女儿、家庭劳务安排等事宜产生矛盾，并达到不可调和的程度。2019 年，两人协议离婚。考虑到孩子正是上学的年纪，而杨先生住处离学校更近，为方便孩子读书生活，两人同意孩子跟随杨先生共同生活，由韩小姐每月支付抚养费 1000 元。初期两人相安无事，并且韩小姐每月都能按时支付抚养费，杨先生也并不干预韩小姐每周的探望。2020 年 3 月，韩小姐从原单位离职，一时间失去稳定收入的她无法定时支付抚养费，而杨先生也逐渐对韩小姐越来越频繁的探望行为表现出不耐烦。2020 年 6 月，杨先生以韩小姐未按照约定定时支付抚养费为由，拒绝韩小姐再次探望孩子。无奈之下，韩小姐将杨先生告上法院，要求每周探望孩子一次，时间为每周五下午 5 时到每周日下午 5 时。杨先生认为，韩小姐作为孩子的母亲应履行相应的抚养义务，没有固定收

入并不是其不给抚养费的理由。如果韩小姐不能按照约定按时支付抚养费，那么她无权探望女儿。且韩小姐主张的探望时间过长，不利于维持女儿与自己的亲子关系，因此并不同意其提出的探望时间。韩小姐则认为，不论自己是否支付抚养费，都不影响自己去探望女儿，况且自己是因为暂时失业没有稳定收入，并不是故意不按时支付抚养费，因此前夫阻拦自己去探望女儿，对自己来说极不公平。法院会如何判决？离婚后，父母双方应如何协调对子女的权利与义务？不与孩子共同生活的一方不给抚养费就不能探望子女吗？

《民法典》第 1084 条规定，父母与子女的关系并不因婚姻关系的解除而消除。而根据《民法典》第 1068 条，父母有抚养、教育、保护、探望子女的权利和义务。即便是离婚后不与子女共同生活的一方也不例外。由此可见，探望与抚养子女不仅是父母的法定权利，更是父母的法定义务。作为义务主体，父母不得放弃探望和抚养子女的义务。作为权利主体，父母不得被剥夺探望和抚养子女的权利。抚养子女不仅包括父母应给予子女物质经济层面的支持，还包括生活上的照料，以及精神层面的抚慰。并且抚养义务的履行方式多样，并不限于按时给付抚养费。实际地照顾子女生活，通过与子女沟通从而关注子女的情绪健康与性格培养，也是履行抚养义务的重要形式。对于子女而言，父母的陪伴具有不可替代的功能。在本案中，女儿杨小雨年纪较小，更需要母亲的呵护与陪伴。履行抚养义务并不是行使探望权利的必要前提，不但如此，探望反而可以成为履行抚养义务的某种形式。因此，探望女儿杨小雨不仅是韩小姐作为母亲应当享有的法定权利，更是应当履行的法定义务。

为促使离婚后双方妥善安排探望子女的事宜，《民法典》第 1086 条规定，离婚后直接抚养子女的一方，有协助另一方行使探望子女的义务。探望的方式、时间应当由当事人协议确定；协议不成时，再由法院判决。本案中，韩小姐与杨先生就探望子女的时间与方式产生了争议，无法达成一致意见，因此可由法院确定探望时间。法院认为，探望方式以及时间应以有利于孩子身心健康发展为原则进行确定，作出方便孩子日常生活与学习的安排。杨小雨年仅 6 岁，母亲的陪伴与教育对其尤为重要，因此韩小姐的探望时间不宜过短。此外，能与母亲一起度过漫漫长夜，在睡梦中感受母亲的关爱，对于年仅 6 岁的杨小雨来说，是有利的也是有必要的，因此法院支持了韩小姐提出的探望请求。但考虑到两人住处相隔较远，杨小雨周日还要回到父亲身边，以便周一上学，并且作为父亲的杨先生也有与女儿共享周末娱乐时光的需求，因此法院认为杨小雨与母亲共度一天较为适宜。最终法院判决，韩小姐每周可以亲自将女儿从杨先生住处接走，探望时间限于每周五下午 5 点至次日下午 5 点。每次探望后，韩小姐应将女儿送回杨先生住处。对于韩小姐的探望，杨先生应予以协助，不得干预、阻挠。

《民法典》第 1068 条、第 1084 条、第 1086 条

22. 妻子人工授精怀孕后，丈夫反悔可以吗？
——对辅助生殖子女的特别保护

二丫与小郭两人经人介绍相识，于 1998 年登记结婚，后小郭以自己名义购买了一栋房屋，并办理了房屋产权登记。婚后二人因身体原因一直未育，家里长辈对此也较为着急，时常催促二丫与小郭赶紧生个孩子。迫于家庭和世俗压力，2004 年 1 月，二丫与小郭二人共同与南京某医院签订了人工授精协议书，对二丫实施了人工授精，不久之后二丫就有了身孕。然而，一家人陷入喜悦之中不久便传来了不幸的消息：2004 年 4 月，小郭突然因病住院，其在得知自

己患了癌症并且已无法治愈之后，向二丫表示不要这个孩子，但二丫坚持要生下这个来之不易的孩子，不同意进行人工流产。5月20日，小郭在弥留之际立下自书遗嘱，声明他不要这个人工授精生下的孩子，并将名下房屋赠与其父母郭某和童某某。随后不久，小郭就病故了，而二丫在小郭病故五个月之后产下一子阳阳。二丫认为小郭的遗产应当由自己、儿子阳阳和小郭的父母共同继承。但小郭的父母却不这样认为，声称小郭已在遗嘱中有过明确声明，而阳阳是二丫自己坚持生下的，二丫所生的孩子与小郭不存在血缘关系，因此不能将孩子列为小郭的继承人。双方一时僵持不下，遂诉至法院，请求法院予以裁断。阳阳究竟能否成为房屋的继承人呢？

阳阳能否继承房屋，这涉及以下两个问题：（1）通过人工授精的阳阳是否为二丫与小郭的婚生子女？（2）遗产是否应当按照小郭的遗嘱进行分配？第一个问题实际上需要回答在婚姻关系存续期间，夫妻双方一致同意人工授精且妻子已经成功受孕，丈夫反悔而妻子坚持生下该子女的，应当如何认定该子女的身份的问题。根据《最高人民法院关于适用〈中华人民共和国民法典〉婚姻家庭编的解释（一）》（法释〔2020〕22号）第40条规定，婚姻关系存续期间，夫妻双方一致同意进行人工授精，所生子女应视为婚生子女，父母子女间的权利义务关系适用《民法典》的有关规定。倘若一方在人工授精之前反悔的，一般应当准许，另一方（通常为女方）不顾对方反对坚持人工授精的，所生子女不认为是双方的婚生子女；但一方（通常是男方）在实施人工授精后反悔的，一般不予准许。其理由在于夫妻双方已经对采用人工授精技术及其后果作出接受的意思表示，并且已经成立生效，非依法律规定或未经对方同意，不得擅自变更或解除。

也即是说，丈夫在表示同意之后不得单方撤销其承诺，如若撤销则必须征得妻子同意才行。从禁止权利滥用的角度，丈夫中途反悔要求受孕妻子终止妊娠的行为也必然会侵害妻子和胎儿的合法权益。当然，倘若在丈夫死后，女方利用其生前保留的精子受孕生育的子女，由于欠缺男方的同意，应当认为此时父亲与子女的法律关系并不成立。本案中，二丫和小郭在婚姻关系存续期间达成一致意见，进行了人工授精并使二丫受孕，即便此后小郭因为其他事由反悔，只要二丫坚持生出该子女，不论该子女是否是在夫妻关系存续期间出生，都应视为夫妻二人的婚生子女，因此阳阳是小郭的婚生子。

小郭在遗嘱中表示将名下房屋赠与其父母，而未提及当时还尚在母亲腹中的阳阳，该遗嘱有效吗？经双方一致同意的人工授精子女同婚生子女享有同等的权利和义务，那么《民法典》继承编中有关子女继承权的规定就同样适用于人工授精子女。我国法定继承中第一顺位继承人为配偶、子女、父母。在遗产分割时，为防止遗嘱人因自己的偏好肆意地对其个人财产进行处置，保护家庭中的弱者，应当为缺乏劳动能力又没有生活来源的继承人保留必要的遗产份额。《民法典》第 1155 条规定，遗产分割时，应当保留胎儿的继承份额。小郭在立遗嘱时，明知其妻子腹中存在胎儿而没有在遗嘱中为胎儿保留必要的遗产份额，该部分遗嘱内容无效。因此，依据前述《民法典》的规定，小郭应当为阳阳保留继承份额，不可因其是人工授精子女而拒绝分割遗产、拒绝履行抚养义务。在阳阳出生后，继承份额可由其法定代理人二丫代为保管。此外，该房屋是二人婚姻关系存续期间所取得的，虽然登记在小郭名下，但仍属于夫妻共同财产，因此应当先分割夫妻共同财产，并保留阳阳的必要份额，除此之外的财产份额小郭在遗嘱中才能有效处分。

关联法条 《民法典》第 1127 条、第 1155 条；《最高人民法院关于适用〈中华人民共和国民法典〉婚姻家庭编的解释（一）》（法释〔2020〕22 号）第 40 条

23. 非法代孕龙凤胎，谁能成为孩子在法律上的母亲？

——亲子关系的特别认定

高俊系老高夫妇的独生子，前后经历过两段失败的婚姻。2007年4月高俊与同样离过婚的李鹃再次走进婚姻的殿堂。婚后李鹃向丈夫坦白自己患有不孕不育症，并主动提出希望抚养与丈夫有血缘关系的子女。为了"圆梦"，两人找到一家代孕公司，购买他人的卵子，然后将高俊的精子及购买的卵子委托给医疗机构进行体外受精，最终再委托另一名女性进行代孕分娩，夫妻二人为此前后花费将近80万元。2011年2月，异卵双胞胎小丽和小明出生。然而祸福无常，一家人其乐融融的场面还未持续几年，高俊就于2014年2月突发急性胰腺炎，经抢救无效后死亡。突如其来的变故让原本幸福温馨的家庭分崩离析，老高夫妇也因为孩子的问题与曾经的儿媳闹得不可开交。2014年12月，高俊的父母将李鹃诉至法院，要求成为小丽和小明的监护人。其理由是，高俊是两个孩子的生父，但李鹃与他们无亲生血缘关系，故要求由其夫妇取得两个孩子的监护权，并表示老两口的女儿愿协助抚养孩子。李鹃则辩称，两个孩子一直由其抚养，应推定为自己和高俊的婚生子女。如果无法认定为婚生子女，由于小丽和小明自出生起便与其共同生活，亦形成事实收养关系。2015年7月29日，经过DNA鉴定得出"不排除老高夫妇与两个孩子之间存在祖孙亲缘关系，可以排除李鹃为两孩子的生物学母亲"之结论，随后一审法院认为，李鹃与小丽、小明之间欠缺法定的必备要件，因而未建立合法的收养关系。此外，代孕行为本身不具合法性，李鹃与小丽、小明亦不构成拟制血亲关系，最终判决小丽、小明由原告老高夫妇监护。然而，对此结果李鹃并不满意，于

是提起上诉。李鹃最终能获得二审法院的支持吗?

本案涉及代孕所生子女的法律地位、由他人代孕所生子女与抚养人可否形成法律意义上的亲子关系以及监护权归属等问题。

代孕所生子女的亲子关系认定较为复杂,这不但涉及各方当事人的利益,更关系着社会伦理观念的接受程度。我国法律目前对此并无直接规定,但法理上有"契约说""子女利益最佳说""血缘说"以及"分娩说"。其中,就自然血亲父亲的认定并无争议,采"血缘说"。也即本案中提供精子的高俊为孩子的自然血亲父亲,并且由于高俊与代孕女子(又称"孕母")并无婚姻关系,因此小丽和小明应为高俊的非婚生子女,高俊通过实际抚养已经做出实际的自愿认领行为。而对于自然血亲母亲的认定,最高人民法院的观点认为应采"分娩说",也即分娩者(代孕者)为母,因此李鹃并非两孩子的自然血亲母亲。此外,李鹃也未办理收养登记,不能成为两个孩子的养母。

基于以上事实情况,法院考虑到自孩子出生以来,李鹃已完全将两个孩子视为自己的子女,并履行了作为一名母亲对孩子的抚养、保护、教育、照顾等诸项义务,故应认定双方之间已形成有抚养关系的继父母子女关系,其权利义务适用父母子女关系的规定。此继父母子女关系并不因夫妻中生父母一方的死亡而解除,故高俊的死亡并不能使李鹃与两个孩子之间已存在的有抚养关系的继父母子女关系自然终止。

那么作为孩子祖父母的老高夫妇以及作为孩子继母的李鹃,谁又能获得孩子的监护权呢?根据我国《民法典》第27条规定,两个孩子作为未成年人,李鹃作为有抚养关系的继父母子女关系中的母亲,优先于作为祖父母的老高夫妇。同时,考虑到儿童最大利益原则,从双方的监护能力、孩子对生活环境及情感的需求、家庭结构完整性对孩子的影响等各方面衡量之后,监护权归李鹃应当更有利于孩子的健康成长。二审法院据此认定，小丽、小明的监护权应归于李鹏。

亲情和血缘，究竟哪个更重要？法院终审判决显示出，只要是对孩子成长有利的，就是最合适的。法律虽然可以制裁违法行为，但代孕而生的孩子并不会因此而消失，无论对非法代孕行为如何否定与谴责，代孕所生子女当属无辜，其合法权益理应得到法律保护。因此，不管是婚生子女还是非婚生子女，是自然生育子女抑或是以人工生殖方式乃至代孕方式所生子女，均应给予一体同等保护。

关联法条 《民法典》第 27 条、第 1071—1072 条

24. 未婚生子，子女被歧视了怎么办？
——对非婚生子女的平等保护

陈先生与梁女士于 2009 年经他人介绍建立恋爱关系后，在未办理结婚登记的情况下，便以夫妻名义同居生活，后育有一子乐乐。此后，陈先生常年在外打工，孩子一直和梁女士以及陈先生的父母共同生活。2014 年 3 月，梁女士发现陈先生与共同外出打工的同乡女子联系密切，微信聊天里言语多有暧昧，二人就此大吵了一架之后，梁女士搬离陈先生的家，解除了同居关系。此后，陈先生仍在外地工作，梁女士则在当地市区工作，乐乐则跟随陈先生的父母生活。然而，虽受到爷爷奶奶关爱的乐乐却时常遭受着街坊邻里异样的眼光和同龄玩伴们的嘲笑。梁女士由于放心不下孩子，便时常在节假日探望乐乐，而乐乐的学费也是由陈先生的父母与梁女士共同负担。自 2015 年 3 月起，为了让乐乐接受更好的教育，梁女士又将孩子接到市区共同生活。随着孩子逐渐长大，教育、医疗等各项费用开支逐渐增多，梁女

士认为陈先生也有义务抚养孩子，因此将其诉上法院。陈先生辩称，自己的父母也一直在抚养孩子，由于乐乐属于非婚生子，即便要自己承担抚养费，抚养费也应低于婚生子。那么作为两人同居期间生下来的孩子，索要抚养费合理吗？抚养费是否会因非婚生而有所不同？非婚生子女的法律地位和相关权利该如何维护呢？

非婚生子女的出现是基于其父母的过错，孩子本身是无辜的，社会对非婚生子女的异样眼光无疑会对其健康成长造成极大伤害，由此也会滋生许多社会混乱问题。就此，《民法典》第 1071 条等相关法律规定，非婚生子女享有与婚生子女同等的权利，任何组织或者个人不得加以危害和歧视。

婚生子女与非婚生子女平等，总体而言包括三个方面：（1）婚生子女与非婚生子女法律地位平等，任何组织或个人都不得危害或歧视非婚生子女。例如，新生儿落户时一般由其父母持户口簿、身份证及婴儿出生证明办理户口登记。对于非婚生婴儿，依据各地规定不同，除上述要求外，只要提供亲子鉴定证明或婴儿父母户籍所在地居（村）委会的证明等文件即可办理户籍登记。所谓危害，泛指一切损害非婚生子女利益的行为。这种歧视与危害一般来自两个方面：其一，来自家庭内部。非婚生子女的生母或生父与第三方结婚时，跟随生母或生父生活的非婚生子女往往受到新家庭成员的歧视与虐待。父母歧视非婚生子女违背了其抚养义务和监护人责任。其二，来自社会各方面，如非婚生子女所在的学校、单位等。其他人歧视非婚生子女的，可能对该子女的人格尊严造成损害，应当承担相应的民事责任。（2）婚生子女和非婚生子女享有同等的权利，如要求父母给付抚养费、平等继承遗产等。（3）非婚生子女应当承担与婚生子女相同的义务，如赡养、保护父母。

就本案而言，如果有人因乐乐的非婚生子身份而对其加以歧视，并造成乐乐人格尊严损害，侵害人可能要承担诸如登报赔礼道歉、赔偿损失等民事责任。陈先生以乐乐为非婚生子为由，提出以低于婚生子标准支付抚养费用的要求，违背了《民法典》有关婚生子女与非婚生子女法律地位平等的价值理念。《民法典》第 1071 条第 2 款规定，不直接抚养非婚生子女的生父或生母，应当负担未成年子女或不能独立生活的成年子女的生活和教育费等，直至孩子能独立生活时止。费用的数额与承担费用的时间长短可由父母协议约定；不能达成协议的，由法院判决。但为子女健康成长考虑，父母不得拒绝非婚生子女在必要时所提出的超过协议或判决数额的合理要求。孩子属于非婚生子女，抚养费的支付不因此而有所不同。

此外，我国社会民众往往将非婚生子女称为"私生子"，歧视意味颇为浓厚。中华人民共和国成立之后，我国婚姻家庭法律明确规定了非婚生子女的法律地位。有学者认为，虽然我国法律一贯强调对非婚生子女权益的切实保护，但在立法上一直沿用了"非婚生子女"这一称谓，这会对非婚生子女的社会认可造成不利影响。或可借鉴德国立法，统称为"子女（自然子女或亲生子女）"，确需进行区分时可分为"有婚姻关系父母所生子女"与"无婚姻关系父母所生子女"。

现实生活中，存在未婚生下孩子的多种情况，但降临在这个世界的孩子是无辜的。非婚生子女的平权之路，不仅需要法律上的平等对待，更需要社会中的一视同仁。

关联法条 《民法典》第 1071 条

25. "熊孩子"造成他人损害，谁来赔？
——监护人的责任

扬扬快八岁了，是一个活泼开朗的小朋友。因父亲常年在外务工，他与哥哥的监护责任就落在了母亲杨女士一人身上。杨女士平日里既要操持家务，也时不时忙些农活，因此对扬扬就没能多加看管。2022年5月中旬，淘气的扬扬用玩具将邻居田先生停在路边的车辆表层刮花，田先生的妻子通过监控发现后便找到扬扬的母亲理论，双方就此发生纠纷。在外务工的田先生得知车子被刮花，妻子还与肇事方发生纠纷后迅速赶回家，一纸诉状将扬扬及其父母诉上法院。未成年人给第三人造成的损害，责任该由谁来承担呢？

一段时间以来，诸如"4个熊孩子划伤30多台车""5分钟扎破45袋大米"等新闻事件不时发生。孩子在成长的过程中由于心智尚不健全，控制自己、辨别是非的能力还较为薄弱，这就需要作为监护人的父母加强对孩子的管教，这既是父母的权利，也是父母的义务。

我国《民法典》第1188条规定，无民事行为能力人、限制民事行为能力人造成他人损害的，由监护人承担侵权责任。因此一般情况下父母作为监护人时，为增强父母对孩子教育的责任感以及充分保护受害人的合法权益，对于未成年子女造成的他人损害，父母应当依法承担民事责任。我国学者一般认为监护人就此承担的是无过错的替代责任（侵权行为实施者与民事责任承担者相分离），而非自己责任。无论父母自身有无过错，只要未成年子女造成他人损害，父母就应承担侵权责任。当然，监护人尽到相应监护职责的，可以适当减轻其侵权责任，但应当由其证明尽到了监护职责。例外情况下，有独立财产的未成年子女造成他人损害的，从本人财产中支付赔偿费用；不足部分，由监护人赔偿。在本案中，作为监护人的杨女士未能善尽其监督职责，疏于对其未成年子女的看管，由此造成的财产损害理应由其负责。但考虑到扬扬的家庭贫困等原因，法院最终通过调解认定由双方各负担一半的维修费用。

倘若将孩子委托他人照管，在此期间造成了第三人损害，责任承担者有所不同吗？除了父母可作为监护人外，监护人也可委托他人监护。例如，父母可将子女委托给祖父母、外祖父母全权照顾，也可将孩子委托给保姆、托儿所、学校、医院等照料。在此情形之下，父母的监护人资格并没有发生转移，受托人仅在委托范围内履行监护职责，非由其受让监护权，因而原则上应由父母承担监护责任，而受托人仅在代为履行监护职责中存在过错时才应承担责任。按照《民法典》第1189条之规定，监护人与受托人不再对外承担连带责任，而应认定二者承担按份责任。

此外，倘若父母因实施严重侵害被监护人合法权益的行为，而被限制或撤销监护资格的，是否仍需对未成年子女造成他人的损害负侵权责任呢？根据《民法典》第36条之规定，父母若存在虐待孩子等严重损害被监护人身心健康之行为，人民法院依申请撤销其监护人资格，并安排必要的临时监护措施。有学者认为此时父母已无法行使对子女的管教，故不应承担侵权责任，《民法典》第1068条所称之父母应限缩解释为"拥有监护资格"的父母。但需要注意的是，根据《民法典》第37条的规定，监护人的资格被撤销后，监护人仍需履行支付抚养费等义务。

父母是孩子的榜样，孩子是父母的影子。家长对孩子日常家庭教育的缺位，对孩子的溺爱，致使类似"熊孩子对影院银幕拳打脚踢，造成数万元经济损害"的事件频发。对于孩子而言，这只是成长中的一个事件，但对摊上巨额赔偿的小家庭而言，必将是一个沉痛的教训。勿以"他还是个孩子"为借口，而忽视家庭教育！

关联法条

《民法典》第36—37条、第1068条、第1188—1189条

26. 大学生没有经济来源，还能向父母要抚养费吗？

——抚养子女义务的范围

柳甲系柳甘之女，于2000年5月6日出生。2014年，柳甘与柳甲之母廖女士经法院判决离婚，柳甲选择跟随母亲生活，由柳甘每月支付抚养费，直至柳甲年满18周岁。2018年9月，柳甲考入某大学的临床医学专业学习，学制为五年。此外，柳甘再婚还育有一女柳乙。柳乙自幼体弱多病，因患有重度肺炎曾多次住院治疗，治病吃药等巨大的花费致使家庭生活一直捉襟见肘。柳甘现就职于中国工商银行某支行，有稳定的工作和固定的经济来源，再加上多年的积蓄，还保有一定的经济能力。虽然柳甲一直跟随妈妈生活，但柳甘在工作之余还是会时常去看望柳甲，经常带着柳甲去公园散步或者逛街等。柳甲的爷爷奶奶很爱护这个孙女，每逢柳甲的生日以及特定节日，对柳甲也都会有所馈赠。2018年5月，柳甲18岁生日时，奶奶即向她送了1000元生日红包。柳甲在考入大学后，柳甘通过微信的方式向她转款5000元，爷爷奶奶也给了孙女现金1000元。然而，由于柳甲大学期间费用较高，柳甲母亲表示难以承担在校就读期间的一切必要学习、生活开支。在柳甲已经年满18周岁并在大学就读的情况下，柳甘是否应当继续支付相应抚养费以帮助其完成大学学业呢？

柳甘是否要继续支付柳甲上大学所需的费用，关键在于抚养费是否包括上大学的费用以及柳甲属不属于"不能独立生活的成年子女"。根据我国《民法典》第1067条第2款规定，婚姻关系存续期间，父母双方或者一方拒不履行抚养子女义务，未成年子女或者不能独立生活的成年子女请求支付抚养费的，人民法院应予支持。此外，还需要确定《民法典》第1067条所规定的"抚养费"范畴。依据《最高人民法院关于适用〈中华人民共和国民法典〉婚姻家庭编的解释（一）》第42条规定，抚养费通常包括子女生活费、教育费、医疗费等费用。那是否包括上大学的费用呢？随着我国高等教育的逐渐普及，上大学（含各类职业技术学校）越来越成为适龄青少年的普遍选择。就我国传统习惯和绝大多数的家庭选择而言，由父母负担子女就读大学的费用，这在子女未满18周岁的情况下，当然不存疑问。然而在子女已满18周岁时，根据上述规定，成年子女没有独立生活的能力时，父母才有义务继续抚养成年子女。如何判定成年子女是否为"不能独立生活"呢？

《最高人民法院关于人民法院审理离婚案件处理子女抚养问题的若干具体意见》（以下简称《若干具体意见》）规定了"不能独立生活的成年子女"包括以下三种类型：（1）丧失劳动能力或虽未完全丧失劳动能力，但其收入不足以维持生活的；（2）尚在校就读的；（3）确无独立生活能力和条件的。原《最高人民法院关于适用〈中华人民共和国婚姻法〉若干问题的解释（一）》（现已失效）第20条则进一步规定，"不能独立生活的子女"是指尚在接受高中及其以下学历教育的成年子女，或者丧失或未完全丧失劳动能力等非因主观原因而无法维持正常生活的成年子女。以往法院在处理此类案件时，多认为这一解释并未实质上否定《若干具体意见》的（1）（3）两种情形，所以不应否认大学在读期间的成年子女诉请抚养费，而应判断其是否属于"非因主观原因而无法维持正常生活"情形。

法院作出倾向于认可大学生抚养费请求权判决的原因在于，根据我国的学制安排，进入大学的学生一般而言都已满18周岁。但在现实中，大部分学生还是以学习为主，完全通过勤工俭学或者创业来维系自己生活的大学生，可谓寥寥无几。即使一些大学生进行兼职或者申请助学贷款，也往往无法涵盖昂贵的学费及日渐高涨的消费支出。如果要求每个成年大学生都必须以自己的劳动来获得大学学习和生活所必需的费用，也有悖于现实生活。本案中，柳甲就读的专业是临床医学，需缴纳的学费及必需支出的生活费相对较高。柳甲的母亲是一名下岗职工，仅凭其一人的供养，显然难以完全负担柳甲就读大学期间学习、生活开支。因此，可以认为柳甲属于"非因主观原因而无法维持正常生活"的成年子女。法院考虑到柳甘目前的家庭状况，最终判决柳甘承担柳甲每个月 600 元的抚养费用，至其完成大学学业止。

然而，《最高人民法院关于适用〈中华人民共和国民法典〉婚姻家庭编的解释（一）》第 41 条明确规定，尚在校接受高中及其以下学历教育，或者丧失、部分丧失劳动能力等非因主观原因而无法维持正常生活的成年子女，可以认定为《民法典》第 1067 规定的"不能独立生活的成年子女"。最高人民法院在梳理以往的规定时，否认了父母具有抚养子女到大学的义务，认为既不属于未满 18 周岁的未成年人，又非不能独立生活的成年子女，请求父母支付大学及以上学历教育的费用的请求不具有法律依据，这也有助于培养大学生独立生活的能力。这就是说，现实生活中父母为成年大学生支付抚养费的行为仅是基于亲情和道义，而非法定义务。但值得注意的是，一些裁判者也倾向于尽量通过调解手段，让有经济能力的父母在能力范围内分担子女的高等教育费用。

关联法条《民法典》第 1067 条；《最高人民法院关于适用〈中华人民共和国民法典〉婚姻家庭编的解释（一）》（法释〔2020〕22 号）第 41 条、第 42 条

27. 成年子女"啃老"，父母有权拒绝吗？
——抚养子女义务的范围

　　杨顺系杨洪、吴春夫妇的儿子。杨顺出生后一直随其父母在农村同一房屋中居住生活。杨顺成年后，长期沉迷赌博，欠下巨额赌债。后该房屋被列入平改范围，经拆迁征收补偿后置换楼房三套。三套楼房交付后，其中一套房屋出售给他人，所得款项用于帮助杨顺偿还赌债，一套出租给他人，一套供三人共同居住生活。后因产生家庭矛盾，杨洪、吴春夫妇不再允许杨顺在二人的房屋内居住。杨顺以一直与父母共同居住生活，对案涉房屋享有居住权为由，将杨洪、吴春夫妇诉至法院，请求判决其对房屋享有居住权。杨顺是否如其所言享有对该套房屋的居住权呢？

　　根据《民法典》的有关规定，对于有劳动能力的成年子女，父母不再负担抚养义务。如果父母自愿向成年子女提供物质帮助，这是父母自愿处分自己的权利。如果父母不愿意或者没有能力向成年子女提供物质帮助，子女强行"啃老"，就侵害了父母的民事权利，父母有权拒绝。在本案中，杨顺成年后具有完全民事行为能力和劳动能力，应当为了自身及家庭的美好生活自力更生。杨洪、吴春夫妇虽为父母，但对成年子女已没有法定抚养义务。案涉房屋系夫妻共同财产，杨洪、吴春夫妇有权决定如何使用和处分该房屋，其他人无权干涉。杨顺虽然自出生就与杨洪、吴春夫妇共同生活，但并不因此享有案涉房屋的居住权，无权要求继续居住在父母的房屋中。最终法院判决驳回杨顺的诉讼请求。

　　青年自立自强是家庭和睦、国家兴旺的前提条件。只有一代又一代人的独立自强、不懈奋斗，才有全体人民的幸福生活。本案的裁判明确了有劳动能力的成年子女在父母明确拒绝的情形下无权继续居住在父母的房屋中，对于成年子女自己"躺平"却让父母负重前行的行为予以了否定，体现了文明、法治的社会主义核心价值观，这不仅有助于引导青年树立正确的人生观、价值观，更是促进社会养成良好家德家风、传递社会正能量的必要举措。

关联法条 《民法典》第 1067 条

28. 因遗弃子女而被撤销监护人资格，对子女还有抚养义务吗？

——抚养子女义务的强制性

小韩系老韩与刘枚的婚生子，因先天性智力残疾导致发育迟缓，生活不能自理，一直以来都是由刘枚与小韩的姐姐共同照顾，生活较为艰难。基于日常生活中的压力和焦虑，老韩与刘枚时常争吵不休，最终二人于 2009 年 10 月选择和平离婚，小韩由刘枚抚养。由于担心自己再婚会影响对儿子小韩的照顾，离婚后的刘枚一直一人承担着照料小韩的重担。2013 年 8 月，刘枚认识了新搬来的邻居张立新，张立新平日里时常帮刘枚做一些力所能及的事，每逢佳节还会邀请刘枚及小韩到家里吃饭。半年后，刘枚和张立新走进了婚姻的殿堂，小韩随二人共同生活。然而好景不长，2014 年 2 月 26 日，张立新私自将小韩送上去往北京的客车，导致小韩在北京四处流浪，直至 2014 年 3 月 13 日被家人找回。经此一事，刘枚决定跟张立新离婚。但张立新并不配合，多次保证知错必改，希望刘枚回心转意。在与张立新周旋的同时，为保护儿子，无奈的刘枚听从了女儿的建议，于 2014 年 9 月向法院申请撤销张立新的监护人的资格，并控告张立新犯遗弃罪，要求赔偿经济损失。*2015 年 3 月，刘枚与张立新离婚。如果法院支持了刘枚一方的请求，被撤销监护权的张立新还有义务承担小韩的抚养费用吗？此义务的履行何时终止呢？*

本案涉及成年智障人的监护问题及继父母子女的监护关系。小韩虽已成年，但有证据证明其患有严重的智力障碍，系智力障碍者，应视为不完全民事行为能力人。法院在审理过程中认为，张立新作为其继父，与其共同生活，形成事实上的抚养关系，具有法定的抚养监护义务。张立新不履行法定监护义务，私自将小韩送走，让其脱离监护人监护流离失所，并使其可能遭受极大的危险。根据我国《民法典》第 36 条之规定，监护人实施严重损害被监护人身心健康行为的，法院可以根据有关个人或者组织的申请，撤销其监护人资格，安排必要的临时监护措施，并按照最有利于被监护人的原则依法指定监护人。因此，小韩被抛弃后，可以申请法院撤销张立新的监护人资格。但需要注意的是，依法负担被监护人抚养费、赡养费、扶养费的父母、子女、配偶等，即便在被人民法院撤销监护资格之后，也应当继续履行负担的义务。故而，小韩仍可要求继父承担相应的给付抚养费义务。

然而，继父母子女关系本质为姻亲关系，一般会随生父母与继父母婚姻关系的终止而终止，即便在该婚姻关系存续期间继父母已与继子女形成事实上的抚养关系，也不例外。《婚姻家庭编的解释（一）》第 54 条也规定，生父与继母离婚或者生母与继父离婚时，对曾受其抚养教育的继子女，继父或者继母不同意继续抚养的，仍应由生父或者生母抚养。由此可见，即便继父母子女之间曾有过抚养教育的事实，离婚后继父母也不再负有继续抚养的法定义务，否则法律不会要求继父母以其自愿继续抚养为前提。因此在离婚后，张立新对小韩就不再负有法定的抚养监护义务。故，小韩虽可要求张立新承担相应的给付抚养费义务，但该义务终止于刘张二人离婚时。

　　此外，继父母子女共同生活，形成事实上的抚养关系，继父母对继子女不进行抚养，或继子女对继父母不进行扶养均应承担相应的法律责任。本案中，作为继父的张立新为了逃避对继子小韩应尽的抚养义务，在其与刘枚婚姻关系存续期间，将小韩遗弃至外地，已经构成遗弃罪，应受到法律追究。即便张立新后又与刘枚离婚，也不例外。

　　出于自诉案件的特殊性，法院针对该案事实进行了调解。张立新认识到自己的犯罪行为，赔偿了被害人的经济损失，经过家人的不懈努力小韩也被找回，小韩的法定监护人考虑到案件的特殊性，接受调解。最终本案以调解结案，自诉人撤回自诉。

> **关联法条**
> 《民法典》第 36 条；《最高人民法院关于适用〈中华人民共和国民法典〉婚姻家庭编的解释（一）》（法释〔2020〕22 号）第 54 条

29. 年迈爹娘无人管，能起诉"不孝子女"吗？
——对父母的赡养义务

　　兰老太为 91 岁老人，视力一级残疾，生活不能自理且无固定生活来源，其与配偶（已逝）共生育五个子女，分别为：长女张诗、次女张书、长子张礼、次子张易、三子张春秋。自丈夫去世后，兰老太便与其长女张诗一家共同生活。2016 年，张诗因身体原因无法再独自赡养母亲兰老太，经与兄弟姐妹几人商议后约定，由张诗、张书、张礼、张易轮流赡养老母，而三子张春秋则需每月支付赡养费 200 元。2022 年 6 月，张诗因身体和经济情况再次表示无法继续履行赡养义务，与另四名兄弟姐妹就老人赡养问题及各种家庭琐事发生纠纷，经村委会多次调解不能达成一致意见。兰老太陷入生活起居无人照顾的局面，一日三餐全靠其弟弟和妹妹接济。无奈之下，兰老太只好委托自己的妹妹向法院提起诉讼，希望其子女能承担起赡养自己的义务。法院对此会如何判决呢？兄弟姐妹间通常所签订的"分家协议"赡养条款有效吗？

"百善孝为先"，孝道是我国传统文化的标志。在传统文化观念里，父母往往不求回报，自觉为孩子作出了巨大牺牲。相应地，"养儿防老，积谷防饥"。为避免代际失衡，我国《宪法》第 49 条、《老年人权益保障法》第 13 条均明确规定赡养父母是子女的法定义务。狭义而言，赡养仅指经济上的供养，即为父母提供必要的经济来源。在父母子女长期处于分离状态下，最直接的赡养方式就是给付一定的赡养费。但是无论父母子女是否共同生活居住，子女都应根据父母的实际需求承担相应义务。除了经济方面的供养外，成年子女负有的赡养、扶助和保护义务还体现在对丧失劳动能力或生活拮据的父母给予生活方面的照料以及精神层面的慰藉。

根据《民法典》第 1067 条规定，成年子女不履行赡养义务的，缺乏劳动能力或者生活困难的父母，有要求成年子女给付赡养费的权利。父母是否具有要求子女给付赡养费的权利，并非以老年人的年龄界定为标准，而是以"缺乏劳动能力或生活困难"为构成要件。所谓"缺乏劳动能力"，通常是指父母因年老、疾病、残疾等原因无法从事体力或脑力劳动，而所称的"生活困难"系指于客观上父母难以维系基本生活。二者仅具其一即可要求子女支付赡养费，若父母生活未达到困难程度，则可酌减子女需承担的赡养费用。本案中，兰老太作为九旬老人，长期处于生活不能自理的状态且无固定生活来源，其在祖宅中独居，屋内无水无电，生存环境相当恶劣。因此，兰老太符合上述构成要件，有权向法院要求子女承担赡养费用。那么张氏兄弟姐妹各自应负担多少赡养费用呢？原则上，赡养费参照当地一般生活水平确定，但为确保公平正义，保证受赡养父母的实际生活水平，还需综合考量子女的赡养能力和父母的赡养需求。且考量到实际承担照料义务子女的付出与辛劳，可以要求未与父母共同生活的子女全部或多承担赡养费。

此外，子女预先签订了分家协议，就赡养问题作了约定，能完全免除其他子女的赡养义务吗？在多子女的家庭中，在父母不反对的情况下，签订赡养协议分工赡养父母是合理合法的，法律上也是允许的。但如果客观情况发生变化，例如曾经约定照料父母的某个子女突遭变故，已经明显没有能力赡养好父或母，此时如果父或母提出赡养要求，其他子女则无法免除赡养义务。

在本案中，案件承办检察官庭后从情、理、法的角度对当事人进行耐心细致的劝导工作，还就《民法典》和《老年人权益保障法》的相关规定进行释明和讲解。最终，涉案各子女达成一致调解意见，兰老太随三个子女轮流生活，另外两个子女支付赡养费，后续医疗等其他费用均摊。

赡养老人是中华民族的传统美德，做好农村老人赡养工作，尤其是对继父母的赡养，更是一个较为长期而艰巨的任务。父母不辞辛苦抚育儿女长大成人，儿女也应赡养老人，动物尚有"乌鸦反哺""羊羔跪乳"之举，而作为万物之灵的人类，理应做得更好。虽然经济上的供养重要，但精神上的慰藉与生活上的照料更能温暖父母的心！

关联法条 《宪法》第49条；《老年人权益保障法》第13条；《民法典》第1067条

30. 让侄子成为养子，在法律上有何特别规定？

——收养关系的成立要件

李先生与妻子结婚多年，但一直未能生育。2021年6月，李先生的哥哥因交通意外不幸去世，留下一对孤儿寡母。李先生的嫂子虽然有一份体面的工作，但独立抚养一个孩子对她而言仍是一份不小的负担。于是，李先生的嫂子便盘算着将亲生儿子的抚养权转给一直没有孩子的李先生，由李先生抚养现年12周岁的侄子。李先生夫妇对此表示同意，小侄子也对李先生夫妇颇有好感，表示愿意由李先生夫妇抚养自己。此后，双方协商一致并经侄子同意后便一起到民政部门办理了收养登记。数月后，李先生的嫂子改变心意，希望能够自行抚养孩子长大成人，并向法院请求认定原先的收养行为无效。该诉讼请求能否得到法院支持？

根据《民法典》第1093条、第1098条、第1099条、第1100条、第1101条、第1102条等规定，李先生收养哥哥的子女，可以不受被收养人须为"生父母有特殊困难无力抚养的子女"、送养人须为"有特殊困难无力抚养子女的生父母"以及"无配偶者收养异性子女，收养人与被收养人年龄须相差四十周岁以上"的限制。根据《中国公民收养子女登记办法》第3条规定，收养三代以内同辈旁系血亲的子女，在被收养人生父或者生母常住户口所在地的收养登记机关办理登记。同时，根据《民法典》第1104条，收养人收养与送养人送养，应当双方自愿。收养8周岁以上未成年人的，应当征得被收养人的同意。本案中李先生夫妇、李先生的侄子、李先生的嫂子三方一致同意并前往民政部门办理了收养登记，符合上述规定的实质与形式要件。因此，三方合意并经行政登记的收养行为是有效的，该诉讼请求不能得到法院支持。

李先生收养行为有效的重点在于收养三代以内同辈旁系血亲的子女，不限于生父母有特殊困难无力抚养子女的情形，不适用无配偶者收养异性子女年龄应相差40周岁以上的要求。所谓旁系血亲，与直系血亲相对。直系血亲是指相互间具有直接血缘关系的血亲，如父母和子女、祖父母和孙子女、外祖父母和外孙子女等。旁系血亲是指相互间具有间接血缘关系的血亲，在血缘上具有同源关系的，除直系血亲外均为旁系血亲。如兄弟姐妹因同源于父母而具有间接血缘关系，侄子与叔、伯、姑因同源于祖父母而具有间接血缘关系。而"三代以内"的"代"，又称"世辈"，一辈为一代，相差一世即为两代。同源于父母的兄弟姐妹，是两代以内旁系血亲；同源于祖父母、外祖父母的，是三代以内旁系血亲。"三代以内旁系同辈血亲的子女"，是指兄弟姐妹的子女、堂兄弟姐妹的子女、表兄弟姐妹的子女。在亲族范围内收养的适用更为广泛，即使生父母没有抚养子女的困难，也可以将子女送养给三代以内同辈旁系血亲。无配偶者收养异性子女年龄应相差40周岁以上，其立法目的在于防止异性的收养人和被收养人因年龄相近而出现乱伦或性欺凌等违反伦理或法律的行为。对于亲族收养而言，伦理身份更加明确，道德制约更加有力，放松年龄差异要求可以促进亲族收养。华侨收养三代以内同辈旁系血亲的子女，除了不限于生父母有特殊困难无力抚养子女和无配偶者收养异性子女年龄应相差40周岁以上两项要求以外，还可以不受收养人子女数量的限制。自中华人民共和国成立以来，旅居国外的华侨曾在国内遇到大灾难，如唐山大地震等非常事件时积极向国内的亲族施以援手，其中不乏亲族收养的事例，客观上保障了亲族后代的成长抚育，产生了良好的社会效应。

本案中，李先生及其妻子商议并达成一致意见后决定收养侄子，体现了夫妻共同收养的基本原则。我国对于有配偶者收养所采取的原则，即要求夫妻共同收养，就收养子女事项协商、达成一致，一同进入收养程序和收养关系。"共同收养"，既可以是夫妻双方共同为收养的意思表示，也可以是一方有收养子女的意思表示，另一方对此表示明确同意。这体现了双方对于收养行为共同的合意，在形成有效的收养关系后，也有助于共同履行抚养子女的义务，创造和睦、温暖的家庭环境，从而促进被收养人的健康成长。

有配偶者，不可单方收养子女，但继父或继母依《民法典》第1103条收养继子女除外。肯认和鼓励继父母收养继子女，具有两个方面的意义：其一，保障未成年子女在父母再婚的家庭中获得完整而充分的亲职抚养和亲情照护，同时也保障再婚家庭中的姻亲家长获得完整而充分的教养权威和监护职责，有利于明确双方权利义务关系；其二，减少再婚家庭中的利益冲突和情感隔阂，促进再婚家庭成员间的情感融合，助力再婚家庭充分发挥其在经济、教育、伦理、社会等各方面的功能。

关联法条
《民法典》第 1093 条、第 1098—1104 条；《中国公民收养子女登记办法》第 3 条

31. "养子"长大后将"父母"告上法庭，"抱子协议"有效吗？
——收养关系的成立要件

1991 年 1 月 2 日，简易与简明（时年 19 周岁）二人签订"抱子协议"，协议约定：简易抱养隔壁乡镇的张良为子，张良更改姓名为简明；从抱养之日起，简易有抚养、教育简明的义务和权利；简

明有赡养简易夫妻的义务，有继承简易遗产的权利；今后简易若有亲生子，则与简明享受同等继承权；简明若不尽赡养义务就无继承权利。协议签订后，简明与简易夫妻共同生活。共同生活期间，双方为居住的房屋分别办理了房地产权证。现因简明生活困难，无力赡养简易夫妻，故起诉至法院，请求解除协议。该"抱子协议"的效力如何？简明是否应当对简易夫妇的老年生活承担赡养的义务？待简易百年之后，简明能否依据"抱子协议"继承简易的财产？

依据《民法典》第1105条第3款，收养关系当事人愿意签订收养协议的，可以签订收养协议。本案中，简易与简明二人签订"抱子协议"，约定了抱养后的权利义务。为充分保护当事人的意思自治，《民法典》第465条第2款规定，依法成立的合同，仅对当事人具有法律约束力，但是法律另有规定的除外。当事人之间的"抱子协议"于1991年1月2日成立，对双方产生法律约束力。

不过，"抱子协议"成立后并非当然有效。通常而言，合同依法成立后即生效，但违反法律、行政法规的强制性规定的无效。收养是为了保障未成年人的权利，使未成年人能够更加健康地成长。《收养法》规定的被收养人年龄范围是不满14周岁，《民法典》规定的被收养人范围只是未成年人，因此成年人不是适格的被收养人。"抱子协议"的签订时间为1991年1月2日，当时简明已年满19周岁，系成年人，不符合收养的条件。只有符合法律规定条件的当事人在自愿、平等、协商的基础上达成收养协议，并按照法律规定的程序向主管部门报告收养登记后，收养关系才产生法律效力。因此，"抱子协议"只是双方为家庭延续等目的签订的共同生活、抚养的协议，双方并不存在法律上的收养关系。

简易名下有一套房屋，该房屋能够满足夫妻二人居住需求。因此，二被告的住房已有保障，无需另寻住房。法院认为，根据原、被告实际情况，在签订协议后，双方共同生活，简易夫妻为简明的成长、成家立业付出了几十年的努力，现二老年事已高，尽管双方无父母子女间的法定义务，出于仁义，简明在今后生活中也应当尽可能扶持二老的晚年生活。法院最后的判决，合乎法理，亦合乎情理。

该协议约定简明有赡养简易夫妻的义务，有继承简易遗产的权利；今后简易若有亲生子与简明享受同等继承权；简明若不尽赡养义务就无继承权利。若简明在今后的生活中积极扶助二老的生活，履行赡养义务，待简易百年后，能否继承简易的财产？如前所述，本案的"抱子协议"因违反《民法典》有关被收养人条件的强制性规定而无效。而且收养应当向县级以上人民政府民政部门登记，收养关系自登记之日起成立。根据《民法典》第1105条规定，收养必须向县民政局登记，不符合收养条件和程序的民政局不予登记，不予登记的收养关系不成立。双方约定的赡养义务、继承权利，都是基于收养关系有效成立的基础上。收养不成立时，继承人仅在《民法典》第1127条的限定范围内，"子女"作为第一顺位的继承人，包括婚生子女、非婚生子女、养子女和有扶养关系的继子女。简明不属于养子女，因此不是法定继承人。假如简易意图按照双方约定，将自己的遗产给予简明，以感谢他数年来的赡养照顾，可以依照《民法典》第1133条，另行订立遗嘱将个人财产赠与简明。

关联法条 《民法典》第465条、第1105条、第1127条、第1133条

32. 向登记机关虚假陈述，对收养关系有何影响？
——收养关系的成立要件

　　徐景系王福之父，王福系王富强养父。王福于 1992 年 8 月 3 日被温泉精神病医院诊断患有精神分裂症，于 2001 年 11 月 2 日因精神分裂症被北京某电器厂辞退，之后又曾在神志不清的状况下持刀伤人。2001 年 12 月 21 日，王福申请收养"非社会福利机构抚养的弃婴"王富强为养子，在北京市海淀区民政局办理了收养手续，取得了《收养登记证》。北京市海淀区民政局的收养档案仅显示王福收养社会弃婴王富强，未显示王福患有不符合收养条件的疾病。徐景当时多次向亲朋好友表示，王福办理收养手续时精神正常，此前的病已经治好了。时至 2020 年，王福被诊断患有精神分裂症，受疾病影响，其辨认能力削弱，最终被评定为限制民事行为能力人。徐景进一步表示，收养档案显示的不符合事实情况，事实上王富强不是社会弃婴，是王福姐姐的亲生儿子，真正抚养王富强的一直是徐景。为了给久病不愈的王福养老送终，这才办理了收养手续。如今，随着王富强逐渐长大成人，王福的姐姐不愿他年纪轻轻就承担着为王福养老的压力，遂向法院申请确认王富强与王福的收养关系无效。本案中的收养关系是否有效？王福一家向登记机关虚假陈述的行为对收养关系有何影响？

　　本案的收养人王福于 1992 年确诊患有精神分裂症，2020 年在法庭上作为被鉴定人经诊断仍患有精神分裂症，并被评定为限制民事行为能力人。这期间，王福的病情一直没有好转，甚至在办理收养手续前不久还在神志不清的状况下持刀伤人。收养手续的办理时间为 2001 年 12 月 21 日，对于收养关系的效力认定适用原《收养法》。原《收养法》第 6 条规定："收养人应当同时具备下列条件：（一）无子女；（二）有抚养教育被收养人的能力；（三）未患有在医学上认为不应当收养子女的疾病；（四）年满三十周岁。"《民法典》在原《收养法》的基础上，新增了一项条件，即"无不利于被收养人健康成长的违法犯罪记录"。按照民政部发布的《收养评估办法（试行）》第 11 条规定，患有医学上认为不应当收养子女的疾病主要包括精神类疾病、传染性疾病、重度残疾或者智力残疾、重大疾病。王福所患的精神分裂症，显然属于医学上认为的不应当收养子女的疾病。因此，王福不是适格的收养人。

根据《中国公民收养子女登记办法》的相关规定，收养关系当事人弄虚作假骗取收养登记的，收养关系无效，由登记机关撤销登记，收缴收养登记证。本案中，收养文件内容不符合事实情况，事实上王富强不是社会弃婴，而是王福姐姐的亲生儿子，一直与徐景共同生活。因此本案收养关系自始无效，应由登记机关撤销登记并收缴收养登记证，王福的姐姐与王富强之间的父母子女关系自始没有发生改变。

针对虚假陈述问题，结合司法实践，我们总结了以下三点裁判规则。

第一，收养登记职责的履行不只是对申请材料的书面审查，还应当谨慎履行审查职责，收养登记行为程序违法，所确认的收养条件与事实不符的，依法应予撤销。公告是办理"查找不到生父母的弃婴和儿童"收养登记的法定程序，该法定程序是依法行政的根本保障，行政机关必须严格遵守。需要强调的是，公告是在通过其他方式查找不到生父母时的最终程序，但并不是查找生父母的唯一方式，不能以公告代替查找职责的履行。收养登记关系到相关当事人特定身份关系的解除和建立，关系到未成年人的合法权益，登记机关对此更应当谨慎履行审查职责，而不只是满足于申请材料是否齐全。行政机关对提供的材料审查流于形式，未能对申请材料存在的疑点进行核实，也未能对有效线索进行调查的行为，属于怠于履行审查职责。

第二，民政部门应严格审查收养登记申请材料，收养关系申请人隐瞒被收养对象事实存在亲生父母的情况骗取收养登记的，应由收养登记机关撤销登记。申请人在申请发放收养登记证时，隐瞒了被收养对象存在亲生父母的情况，属于弄虚作假骗取登记的行为。申请人主张其已辛苦养育收养对象，其情可悯，但无法改变申请人骗取登记的事实。收养关系申请人骗取收养登记的，收养关系无效，应由收养登记机关撤销登记，收缴收养登记证。

第三，以夫妻双方的名义提供相关材料申请办理收养登记，但未如实告知其配偶已死亡的事实，民政部门未严格审查的，收养登记应予撤销。收养人应当有抚养教育被收养人的能力。收养关系申请人在配偶已死亡后，以夫妻双方的名义提供相关材料申请办理收养登记，未如实告知其配偶已死亡的事实的，不再具有抚养教育被收养人的能力，不符合收养人的条件。民政部门在办理中未严格进行审查，颁发了收养登记证书。该行为属于当事人弄虚作假骗取收养登记，收养关系无效，应当予以撤销。

本案中，王福一家隐瞒了被收养人王富强存在亲生父母的情况，也隐瞒了王福所患疾病状况，存在向收养登记部门进行虚假陈述的行为，属于骗取收养登记的行为。民政部门未做到严格审查收养登记申请材料，未谨慎履行审查职责，应依法撤销收养登记。

关联法条 《民法典》第 1097 条；《中国公民收养子女登记办法》第 12 条

33. 在离异且疾病缠身时，能否将独生子女送养？

——生父母送养子女的条件

刘旭远与付霞离婚，儿子刘东由刘旭远抚养。后刘旭远疾病缠身，且其父母均为残疾人士，无能力抚养孙子刘东。2012 年农历四月初一，刘旭远将其子刘东送给董易、吕萍抚养，有中间人在现场作证。过了几天之后，刘旭远与董易签订收养协议书。送养时刘东尚未上户口，刘旭远将刘东的出生证明交给了董易。收养协议书签订后，双方未到当地民政部门进行收养登记，且送养刘东时刘旭远未经过付霞的同意。本案中的收养关系是否成立？付霞得知实情后又该如何寻求救济？

本案中，刘旭远单身一人且疾病缠身，其父母均为残疾人士，家庭无固定收入，无力抚养儿子。依据《民法典》第 1093 条，生父母有特殊困难无力抚养的未成年人可以被收养。"有特殊困难无力抚养"，主要是指生父母由于身体健康、经济原因而无力抚养子女。具体而言，一是生父母双方均由于重病、重残或经济原因而无力抚养；二是生父母一方死亡或被宣告死亡，另一方由于重病、重残或经济原因而无力抚养；三是非婚生的情形。其中，对于送养非婚生子女而言，可以不要求生父母重病、重残或存在经济困难等情况。刘旭远显然符合"有特殊困难无力抚养"的情形，刘东属于可以被送养的未成年人。

除了对"有特殊困难无力抚养"的辨析，本案的另一重点在于对"共同送养"的理解。依据《民法典》第 1097 条，生父母送养子女，须双方共同送养，生父母一方不明或者查找不到的，可以单方送养。第1097条规定了生父母共同送养子女的原则和例外，生父母作为未成年子女的法定代理人和监护人，共同享有对未成年子女的送养权，送养必须经生父母双方一致同意，未经协商或者协商不能达成一致意见，生父母一方不得单独送养子女。但是，当生父母一方不明或查找不到的，也包括生父母一方死亡的情况，另一方可单独行使送养权，因为此时生父母有一方既无法履行对子女的抚养、教育和保护的义务，也无法作出是否同意送养的意思表示，这种境况对子女明显不利，将会导致子女无法得到适当的照料和教育。本案中，刘旭远送养其子刘东时未征得刘东母亲付霞的同意，且付霞并非下落不明，收养协议中没有刘东母亲付霞的签字确认。因此，在实体层面，收养关系不成立。

在收养程序上，董易、吕萍收养刘东后未到民政部门进行收养登记，刘旭远与董易、吕萍签订的收养协议书违反法律的强制性规定，依据《民法典》第153条规定，违反法律、行政法规的强制性规定的民事法律行为无效。结合实体与程序两个层面的分析，本案的收养关系自始不成立，刘旭远与付霞依然是孩子在法律意义上的父母。

付霞可以请求法院确认收养关系不成立，判令董易、吕萍将孩子交还。但刘旭远无力抚养孩子的现状仍然得不到解决。《民法典》第1084条第1、2款规定："父母与子女间的关系，不因父母离婚而消除。离婚后，子女无论由父或者母直接抚养，仍是父母双方的子女。离婚后，父母对于子女仍有抚养、教育、保护的权利和义务。"并且，《民法典》第1067条第1款规定："父母不履行抚养义务的，未成年子女或者不能独立生活的成年子女，有要求父母给付抚养费的权利。"因此，付霞身为孩子的母亲，即使与刘旭远离婚，也应当积极履行对孩子的抚养义务。

关联法条

《民法典》第153条、第1067条、第1084条、第1093条、第1097条

34. "送养"出去的女儿，还能回到原来的家吗？
——不合法的送养不受法律保护

郑义与其妻周春花为躲避当年"超生"的法律责任，与其大哥郑军及嫂子王文商量将小孩交给他们抚养，并约定待计划生育政策放宽或小孩长大后告诉孩子实情。周春花以嫂子王文的名义入院分娩，瞒着郑军与王文办理了准生证。但四人从未到民政部门办理相关收养手续。2019 年 4 月 16 日，郑军因重伤去世。此后，王文将郑义与周春花的婚生女郑琪带离并不让郑义探望，郑义要求王文将婚生女郑琪归还给自己抚养，但王文予以拒绝。周春花认为，将郑琪交给大哥郑军及王文寄养是因双方为一家人。现在大哥已经去世，王文单身一人，经济条件严重恶化，无固定工作及收入，不适宜继续抚养郑琪。且郑琪已到了上学年龄，在父母身边成长更为合适。故郑义与其妻周春花诉请将婚生女郑琪归还自己抚养。郑义夫妻的诉求能否得到支持？

在特殊历史环境中，为了规避行政监管而私下送养的行为，由于缺乏收养登记材料，后续若登上法庭可能会因缺乏证据而百口莫辩。本案中，郑义与其妻周春花是郑琪的亲生父母，将"超生"女儿郑琪交由郑军、王文抚养。法院审理后认为郑琪的出生证明中确认其母亲系王文，父亲系郑军，已确认了亲子关系。郑义与其妻周春花并无证据证明其与郑琪之间存在亲子关系，也未提供证据证明郑军、王文与郑琪之间是收养关系。故法院对于郑义与其妻周春花的诉讼请求不予支持。

　　未办理收养手续，收养关系是否成立？收养登记是收养制度的重中之重，收养关系自登记之日起成立。未办理收养程序的，收养关系不成立。若本案中郑义与其妻周春花正常生育孩子，并进行出生登记，当收养关系不成立时，仍旧按照原父母子女关系认定，并无争议。但本案有其特殊的时代背景，如果按照惯常程序，超生的女儿在被生下来之前，很可能已经被强制堕胎。为保下孩子，周春花以嫂子王文的名义入院分娩，瞒着郑军与王文办理了准生证。这也使得郑琪的出生证明中写明其母亲系王文，父亲系郑军。现有证据不能证明郑义与其妻周春花与郑琪之间存在亲子关系，也不能证明郑军、王文与郑琪之间是收养关系。

　　郑义并非因为"收养关系"失去女儿，而是由于出生证明中对父母子女的认定，且申请亲子鉴定并未得到法院同意。此时，郑义夫妇已经穷尽了救济手段，若对亲子关系仍有质疑，又该如何？《民法典》第1073条规定："对亲子关系有异议且有正当理由的，父或者母可以向人民法院提起诉讼，请求确认或者否认亲子关系。对亲子关系有异议且有正当理由的，成年子女可以向人民法院提起诉讼，请求确认亲子关系。"如今郑琪尚未成年，王文也不会主动请求法院否认亲子关系，故在法律上，王文仍然是郑琪的母亲。

　　木已成舟，若郑义夫妻仍想尽一份亲生父母的关怀，应当和王文积极协商，共同解决孩子成长过程中遇到的一系列问题，必要时提供一定的经济支持。

关联法条

《民法典》第 1073 条

35. 无配偶者收养异性子女，年龄必须相差几岁？

——对被收养人的特别保护

1997 年，时年 39 岁的曾大力在沿河县大桥处发现一名被人遗弃的、尚在襁褓中的女婴，大力见其可怜遂将该女婴带回家中抚养，并为其取名曾小莉，但一直未到民政部门办理收养登记。后曾大力以父女关系在派出所为小莉办理了户籍登记，并独自一人抚养小莉。小莉长大成人后外嫁组建新的家庭，现育有两个小孩。2019 年，曾大力因脑梗在县人民医院进行住院治疗，小莉念在养育之恩为养父支付了部分医疗费，并照顾其一个多月。不久，曾大力因脑梗后遗症瘫痪在床，生活无法自理，小莉与大力的亲戚们在如何照料瘫痪在床的大力的问题上发生矛盾，小莉一气之下离开了当地。大力长期瘫痪在床，肢体二级残疾，需要专人护理，但其一直未婚无配偶，亦无其他子女，大力所在的村民委员会指定曾家兄弟曾二牛作为曾大力的监护人对其进行照看。因小莉一年多来未对养父进行照料，曾二牛代理曾大力向法院提起诉讼，要求解除双方的收养关系，曾小莉返还抚养费。曾大力的诉讼请求能否得到支持？

本案中曾大力由于脑梗后遗症长期瘫痪在床且肢体二级残疾，生活无法自理。《民法典》第 28 条规定："无民事行为能力或者限制民事行为能力的成年人，由下列有监护能力的人按顺序担任监护人：（一）配偶；（二）父母、子女；（三）其他近亲属；（四）其他愿意担任监护人的个人或者组织，但是须经被监护人住所地的居民委员会、村民委员会或者民政部门同意。"曾大力没有妻女，父母已去世，因此村民委员会指定曾家兄弟曾二牛作为曾大力的监护人对其进行照看。依据《民法典》第 23 条的规定，无民事行为能力人、限制民事行为能力人的监护人是其法定代理人。当事人进行民事诉讼要具备相应的诉讼行为能力，曾大力已经不具有亲自进行诉讼活动的能力，当其民事权利受到侵犯时，应当由他的监护人作为法定代理人代为诉讼。

原《收养法》于 1992 年 4 月 1 日起实施，该法第 15 条规定："收养应当向县级以上人民政府民政部门登记。收养关系自登记之日起成立。"而原告在 1997 年收养被告后并未到当地的民政部门办理收养登记。故原、被告之间的收养行为不符合当时法律规定的收养程序，其收养关系当然无效。但需注意的是，原告将被告抚养长大，确实付出了精力和财力。现原告瘫痪在床，无收入也无配偶或其他子女对其进行照料赡养，而被告现已成年，理应补偿原告将其抚养长大而支出的费用。但是，考虑到原告要求被告归还抚养费 17 万元的诉求金额过高，且原告未提供证据证明该项金额的合理性。最终，法院综合当地消费生活水平，以及被告目前无固定收入，加之有两个年幼的小孩需要抚养的现实状况，酌情判决由被告分期补偿原告抚养费共计 6 万元。

本案中的"收养"，即便双方去申请登记，也不可能得以实现。这里存在一个实质原因，即单身男性收养异性子女受到年龄限制。我国原《收养法》规定，无配偶的男性收养女性的，收养人与被收养人的年龄应当相差 40 周岁以上。这里的"无配偶的男性"，既包括该男性一直未婚单身的情况，也包括离异、丧偶等导致没有配偶的情况。曾大力开始抚养小莉时年龄未满 40 周岁，不符合法条中规定的特殊年龄要件。这一年龄限制的主要目的是防止出现在两性关系方面侵害被收养人的情况。例如，收养人实施收养的目的并非单纯出于抚育被收养人，而是借收养之名行侵害之实。最高人民检察院曾指出，"在侵害未成年人犯罪案件中，尤其是性侵案件中，熟人作案的比例高于陌生人，有些地方甚至有 70% 至 80% 案件犯罪嫌疑人和被害人是邻居、亲戚、朋友、师生等关系"。在这种情况下，收养不仅不能发挥其原有的有利于未成年人健康成长的制度功能，反而可能沦为不法分子侵害未成年人权益的工具。现行《民法典》第1102条将原《收养法》中"无配偶的男性"修订为"无配偶者"，这一修订体现了男女平等的原则。

值得思考的是，40周岁的年龄差是否合适？在符合这一标准的前提下，收养人相对普通家庭的父母而言年龄较大，能否很好地承担起对未成年子女的抚养、教育和保护义务？假设被收养的子女6岁，在符合年龄差的前提下，收养人至少已经46周岁了，可能影响后续监护职责的承担。是否应当适当降低年龄差，在保护未成年人的合法权益与保证收养人的抚养能力之间取得平衡是一个待定的问题。此外，亦可通过加强收养后的评估与管理来完善本制度，如在收养之后的一年，可以由收养关系登记批准机构对收养关系进行评估，评估收养人的人品、经济条件是否合格，是否符合收养条件的需要等各方面。

关联法条

《民法典》第 23 条、第 28 条、第 1102 条

给养子女更名易姓，需要送养人同意吗？
——养子女的姓氏选择

张天与吴林为多年好友，两家关系也一向和睦。因吴林夫妇多年未生育，便商量着将张天夫妇2岁的小女儿小张过继到吴家。两家一合计，此事可行，便着手办理收养的相关手续。后在办理收养登记的时候，因要不要给小张改名这件事，两家吵得不可开交。张天言："小张可以给你们养，但毕竟是我张家的血肉，接着用这个名

字就好了。"吴林则觉得："既然已经决定收养小张，小张便是我吴家的女儿，我们肯定对她视如己出，既是我吴家的女儿，又岂有姓张的道理？"此后双方就此事诉至法院。依据《民法典》的相关规定，应当支持谁的主张？双方未就姓名是否更改达成一致是否影响收养登记的效力？

我国《民法典》第1012条规定："自然人享有姓名权，有权依法决定、适用、变更或者许可他人使用自己的姓名，但是不得违背公序良俗。"所谓姓名，有"姓"与"名"之分，前者即姓氏。人类进入近现代社会后，男女平等的观念逐渐深入人心，对于子女姓氏的选择不再固守传统的依父姓的原则，子女可以选择随母姓或者在符合法律规定的情况下，选择父母姓氏之外的其他姓氏。《民法典》第1015条规定："自然人应当随父姓或母姓，但是有下列情形之一的，可以在父姓和母姓之外选取姓氏：（一）选取其他直系长辈血亲的姓氏；（二）因由法定扶养人之外的人扶养而选取扶养人姓氏；（三）有不违背公序良俗的其他正当理由。少数民族自然人的姓氏可以遵从本民族的文化传统和风俗习惯。"该条明确了我国姓氏确定原则。

收养成立之后，被收养人脱离原生家庭，加入养父母的家庭，取得同养父母婚生子女相同的法律地位，也应当适用婚生子女姓氏的确定原则。当然，除随养父或养母姓氏外，当事人协商一致的，养子女也可以保留原姓氏。收养关系成立后，养父母与养子女间成立了拟制的父母子女关系，允许养子女选取养父或养母的姓氏。一方面有助于养子女更好地融入收养家庭中，有助于增强养子女与养父或者养母之间的情感联系与情感认同；另一方面也有利于对他人保守收养秘密，维护当事人的隐私。但法律也并未禁止收养关系成立后，养子女保留原有姓氏的做法。如果收养时，被收养人已达到一定年龄，对其身份、社会交往等有一定的认识，且使用原姓氏多年，在其生活的社交范围内，人们已普遍接受养子女的原姓氏，贸然改变姓氏可能对养子女不利，因此协商一致可以保留原姓氏。那何为协商一致呢？谁来达成协商一致呢？

一方面，可参与协商的各方当事人包括收养人、被收养人和送养人。应当注意的是，"协商一致"作为一种合意，如果要发生有效的法律效果，就要求当事人有相应的行为能力。但在收养中，被收养人多年龄较小，或为无行为能力人、限制行为能力人，因此这个协商多表现为收养人与送养人之间的协商。当然如果被收养人有一定行为能力，那么在决定收养时应当尊重其意愿、征求其意见，这与尊重被代理人意愿原则是一致的。

另一方面，若各方当事人经协商不能达成一致意见，例如送养人要求被收养人保留原姓氏而收养人希望养子女随养父或养母姓氏的，则不符合《民法典》第1112条中保留原姓氏的条件，养子女仍应随养父或养母姓，如此也体现对养父母亲权的尊重和权利义务相一致的原则。故在本案中，双方就是否更改姓名无法达成一致的情况下，应当尊重养父母的意见。

至于在办理收养登记时，各方当事人未就养子女的姓氏达成一致意见是否影响登记效力的问题，因收养登记的作用在于收养行为的公示，其主要目的在于将父母子女关系的变更以公权力的形式固定下来，而养子女姓氏的确定本质上并不会影响父母子女关系的变更。也即养子女姓氏变更与否并非收养关系成立的必要条件，不应影响到收养登记手续的办理，同理也就不会影响到收养登记和收养关系的成立。相关当事人完全可以在办理收养登记后，在被收养人与收养人共同生活的过程中再另向公安机关申请更改养子女的姓名。简言之，办理收养登记时未确定姓氏不影响收养登记的效力，当事人可以就此事徐徐协商而不必急于一时。

关联法条 《民法典》第1012条、第1015条、第1112条

37. 养父与养女的生母结婚，怎么称呼彼此的关系？

——收养的血亲拟制效力

小红在高中毕业后未考上大学，遂于 2011 年 6 月赴上海打工。次年，小红结识了工友小明，两人一见如故，随后建立恋爱关系并同居。小红发现自己怀孕后就辞去了工作而安心养胎，并于 2013 年 11 月生下一个女孩。两人商量好待孩子满月就回老家办婚礼。但一个月后，小明却"失踪"了，电话、微信等均联系不上，过了几天小红收到小明发来的短信："咱们还是分手吧，我走了。孩子我也不要了，你看着处理吧。"小红悲痛万分，同时陷入生计无着状态，万念俱灰中几乎要去自杀，但垂泪看着襁褓中的孩子，最终决定将两个人的"所有"都留在这个城市，遂经人介绍忍痛将出生还不到两个月的孩子送了出去。小红当时伤心到了极点，未曾保留收养手续和收养人的信息。随后就回到了家乡，并因伤心过度、积忧成疾而卧床半年之久。

2021 年 6 月，50 岁的公司经理老王在单位结识了来打工的小红，并对其颇有好感。二人于当年底登记结婚。婚后，老王的孩子冬冬也很喜欢继母，母女二人相处得非常融洽。老王总觉得冬冬长得非常像小红，小红也觉得如此。在老王详细讲了冬冬的身世，并拿出一份发黄的收养协议后，二人震惊不已。

原来，在约 20 年前，老王与前妻也结缘于上海，婚后二人在杭州共同创业并拥有一个小公司。但遗憾的是，夫妻俩长期未能孕育孩子。2012 年，妻子经辅助生殖手术终于怀孕，但不幸于 2013 年 5 月因难产身亡，胎儿也未能存活。2013 年 12 月，老王回到上海，忆起与妻子的过往温馨，不停地伤心流泪。在上海期间，朋友见他非常怀念已逝妻儿，就建议他收养一个孩子。几天后，老王就见到了一个刚出生的女孩，顿生怜爱，心想这一定是上天再一次送给自己的礼物。老王遂依法办理了收养登记手续，给孩子取名为冬冬。

两人最终发现自己就是当年的送养人和收养人。真是"不是一家人，不进一家门"！但是，一个问题也来了——在法律上，小红应该是冬冬的继母还是生母呢？老王应该是冬冬的养父还是继父呢？

《民法典》对收养关系的成立规定了一系列条件和要求，包括对当事人的限制以及程序上的要求。本案中，送养人小红因失恋后精神低迷，没有收入，无力抚养孩子，符合《民法典》第1094条关于送养人条件的规定。被收养人冬冬，鉴于其出生后生父消失，生母陷入精神痛苦和经济困顿中，属于"生父母有特殊困难无力抚养的子女"，符合《民法典》第1093条关于被收养人条件的规定。收养人老王没有子女，具有抚养、教育和保护被收养人的能力，也没有患有诸如精神性疾病等医学上认为不应当收养子女的疾病，也没有不利于被收养人健康成长的违法犯罪记录，符合《民法典》第1098条关于收养人条件的规定。同时，老王收养冬冬的情况也满足《民法典》第1102条关于无配偶者收养异性子女年龄相差40周岁的要求。综上所述，收养人与被收养人满足相关要求，且办理了收养登记，收养关系已成立，老王与养女冬冬之间成立养父母子女关系，冬冬与老王的近亲属之间成立亲属关系，该收养合法有效应当予以保护。至于小明的行为是否构成《刑法》中规定的遗弃罪，此处不作分析。

关于收养关系存续期间，养父老王与生母小红的婚姻对收养关系的效力影响。根据《民法典》第1111条的规定，收养关系一经成立，即产生拟制和解销两种法律效力。一方面，收养关系成立后，收养人与被收养人之间成立拟制血亲关系；另一方面，被收养人与其生父或生母间父母子女关系解销。首先应当肯定的是，民事行为的效力原则上一直存续，除非有法定事由否定其效力。纵观我国民法并未言明养父母与生父母的婚姻会对收养关系的效力产生影响，故而此处应当肯定老王与冬冬之间收养关系的效力，该收养关系的存续并未因该段婚姻的缔结而产生变化。

作为冬冬生母的小红与她之间的亲子关系（血亲）已因收养而解销，此时又因与养父老王的配偶关系而成立继母女关系（姻亲），二人的关系应当认定为血亲关系还是姻亲关系呢？

在养父或养母与生父或生母结婚的情况下，被收养人与其生父或生母之间既有事实上的自然血亲，又因结婚而具有法律上的姻亲关系，此时应从最有利于养子女利益原则出发，认定小红与冬冬的母女关系属于自然血亲关系（即小红依然是冬冬的生母），但老王与冬冬的父女关系依然属于基于收养的拟制血亲关系（即老王依然是冬冬的养父）。

关联法条

《民法典》第 1093 条、第 1094 条、第 1098 条、第 1102 条、第 1111 条

38. 养子女身份遭邻居公开，养父母能要求其承担法律责任吗？

——对收养秘密的特别保护

因陆放的妻子唐晶患有不孕症，他们在 18 年前收养了一名两岁的女婴，通过夫妻的小心呵护，女孩现已长大成人。近 20 年来，全家人守护着收养秘密。但在最近，多年来精心维护的平静被打破了，由于邻居小何与陆家关系恶化，小何愤恨之下多次在公开场合称女孩不是陆放的亲生女。原来性格开朗的女孩知道后，变得沉默寡言，

同夫妻俩的关系也没有以前那么亲密了，而且还向她的好友流露出要寻找亲生父母的念头。陆放及妻子认为邻居侵犯了自身的隐私权，向法院请求判决邻居承担损害赔偿责任并赔礼道歉。邻居小何的公开言谈是否构成对公民隐私权的侵犯？若构成，须承担何种责任？

根据法律规定，隐私权是一项人格权，是自然人就个人私事、个人信息等个人生活领域的事情不为他人知悉、禁止他人干涉的权利。在我国，收养秘密属自然人的隐私，受法律保护。自然人享有隐私权，任何组织或者个人不得以刺探、侵扰、泄露、公开等方式侵害他人的隐私权。隐私是自然人的私人生活安宁和不愿为他人知晓的秘密空间、私密活动、私密信息。收养涉及家庭成员身份的变化、家庭结构的重组，关系到个体和家庭生活的安宁。从本案陆家的角度考虑，在收养成立、家庭关系重新稳定之后，可能会希望相关知情人保守有关收养的秘密。这里既包括对被收养人被收养的事实应予保密，也包括对收养家庭、原生家庭的情况的保密。对此，《民法典》第1110条特别规定："收养人、送养人要求保守收养秘密的，其他人应当尊重其意愿，不得泄露。"故邻居小何泄露、宣传属于收养人、被收养人的隐私的收养秘密，涉嫌违法。

人们一般对他人的收养秘密负有不刺探、不侵扰的一般性义务，知情主体则额外承担不泄露的义务。在本案中，保守收养秘密的内容包括两个层面：其一，被收养人被收养这一法律事实应当予以保密；其二，收养家庭、原生家庭的相关信息应当予以保密。泄露收养秘密的，应当承担相应的民事法律责任、行政法律责任。加害人应依据《民法典》侵权责任编的有关规定，对受害人承担民事责任。依据《收养登记工作规范》第48条，国家机关及其工作人员泄露收养秘密的，还应承担行政法律责任，如收养登记机关及其收养登记员泄露当事人收养秘密并造成严重后果的，对直接负责的主管人员和其他直接责任人员依法给予行政处分。本案邻居只是普通民众的身份，不涉及行政责任，其民事责任的请求权基础为《民法典》第1165 条，行为人因过错侵害他人民事权益造成损害的，应当承担侵权责任。本案中，邻居多次在公开场合宣扬女孩不是陆放的亲生女，对夫妻俩造成了严重的精神损害，陆放夫妇据此可以向加害人小何请求精神损害赔偿。因此，陆放、唐晶的诉讼请求可以得到法院支持。

保守收养秘密有助于稳定收养关系，有利于被收养人的健康成长；对于收养家庭而言，保守收养秘密可以使其免受原生家庭的干扰，维护收养家庭与被收养人之间和睦稳定的家庭关系；对于原生家庭而言，也有助于维护其隐私。

关联法条　《民法典》第 1110 条、第 1165 条；《收养登记工作规范》第 48 条

39. 收养未经登记，养父母子女关系如何"名正言顺"？

——收养公证的法律意义

1999 年 10 月 9 日，韩汉、林香与宋小娟、李大贵签订收养协议，约定韩汉、林香因未生育子女而自愿收养宋莉为养女，宋小娟、李大贵自愿将宋莉送给韩汉、林香收养。次日，北京市东城区公证处就收养人韩汉、林香收养被收养人宋莉出具公证书，公证内容是"兹证明韩汉、林香与宋小娟、李大贵商定（并征得被收养人同意），韩汉、林香于 1999 年 10 月 9 日收养宋小娟、李大贵之女宋莉为养女，韩汉、林香为宋莉的养父母"。2016 年 4 月 5 日，韩汉去世。收养人韩汉、林香收养宋莉虽然未在民政部门登记，但韩汉、林香符合收养人条件，且收养人与送养人双方自愿，并由北京市东城区公

证处对收养与送养事实予以公证。宋莉要求确认双方存在收养关系，韩、林夫妻二人亦认可收养关系。宋莉的主张是否可以得到支持？

  法院认定存在收养关系，需要同时符合实质要件与形式要件。这里抛开实质要件不谈，单从形式要件而言，合法、有效的收养关系分为两种：一是经过登记的收养关系；二是在原《收养法》于1992年4月1日实施之前，未经登记但有证据证明为合法、有效收养关系的事实收养关系。目前，原《收养法》实施之前合法、有效的事实收养关系，存在两种确认途径：一是依据《司法部关于办理收养法实施前建立的事实收养关系公证的通知》的相关规定；二是通过司法程序确认。除此之外，双方表述一致、亲友承认、户籍证明等，均非判断事实收养关系是否存在的法定证明。前述司法部通知规定，对于《收养法》实施前已建立的事实收养关系，当事人可以申办事实收养公证。凡当事人能够证实双方确认共同生活多年，以父母子女相称，建立了事实上的父母子女关系，且被收养人与其生父母的权利义务关系确已解除的，可以为当事人办理收养公证。收养关系自当事人达成收养协议或因收养事实而共同生活时成立。办理事实收养公证由收养人住所地公证处受理。实践中，对亲友、群众公认，或有关组织证明养父母与养子女长期共同生活的，虽未办理合法手续的情形，也按收养关系对待。

  本案中，收养人显然未进行收养登记，不符合"经过登记的收养关系"这一情形。虽然北京市东城区公证处就收养人韩汉、林香收养被收养人宋莉出具公证书，但不属于对于原《收养法》实施前已建立的事实收养关系，当事人可以申办事实收养公证的情形。因此该公证无法作为合法、有效收养关系的确认。不过，法院认为，案涉公证书可作为收养关系确认之诉中的一项证据。本案中，韩汉、林香夫妇俩将宋莉自幼带入家中抚养并悉心教导，双方虽无血缘关系，但长期的家庭生活已将他们凝结成一家人。虽然当事人未在民政部门登记，但韩汉、林香符合收养人条件，且收养人与送养人双方自愿，并由北京市东城区公证处对收养与送养事实予以公证。法院遂判决确认他们之间的收养关系成立。这一判决不仅为宋莉之后的赡养尽孝、继承老人遗产等事宜去除了法律障碍，更弘扬了中华民族尊老爱幼、孝敬父母的传统孝文化，值得肯定。

关联法条 《民法典》第 1105 条

40. 只存在于户口簿上的"子女"，是否享有继承权？
——收养关系的登记部门

陈廉年近 40 岁仍未结婚生子，一直担心自己的财产以后没有子嗣继承。陈廉的亲哥哥婚后育有两个孩子，新出生的小儿子名为陈辉。因陈廉未娶妻生子，哥哥担心日后陈廉膝下无子，无人养老送终。在陈辉出生后不久，陈廉哥哥将陈辉的户籍登记在陈廉的户口本上。十余年来，陈辉从未与陈廉一同生活过，陈廉亦未对陈辉进行过抚养教育，陈辉实际上仍然是由陈廉哥哥抚养成人。虽然陈辉与陈廉在户籍登记等信息上显示是父子关系，但双方既无收养事实，亦未办理收养登记。如今陈廉为了确认并稳定与陈辉的父子关系，向法院请求确认与陈辉之间的收养关系合法有效。陈廉的诉讼请求能否得到法院支持？

根据我国《民法典》第 1105 条规定，收养应当向县级以上人民政府民政部门登记。收养关系自登记之日起成立。本案中，原告陈廉与被告陈辉虽然在户籍登记等信息上显示是父子关系，但并未依法在民政部门办理收养登记。同时，因陈辉未与陈廉一起生活，陈辉实际是由其亲生父母抚养成人，双方亦未建立起事实上的收养关系。故原告陈廉与被告陈辉之间并无收养的事实，也未办理过收养的手续，双方之间未成立收养关系。收养关系的登记确认机关是县级以上人民政府民政部门，并非户籍管理机关，单凭户籍登记尚不产生收养的法律效力。

本案的争议焦点在于，收养人未依法办理收养登记，亦无事实上的收养关系，仅在户籍登记信息上显示是父子关系，户籍登记对收养关系的证明力有多高。通常而言，户口本上只会体现某人与户主的关系。在夫妻双方之一是户主的前提下，其与子女之间会登记为"父（母）子（女）"关系，而不会显示"收养"的字样。当事人之间的收养关系，会在民政局的收养证明（收养登记证）上体现，并不会在户口本上体现。《民法典》第1106条规定："收养关系成立后，公安机关应当按照国家有关规定为被收养人办理户口登记。"可见，户口登记只是收养关系成立后，户口登记机关依据《户口登记条例》对每个公民的身份、居住地和亲属等关系及变动情况依法实施的一种记载。户口登记依据本人或户主的申报，其本身对是否存在前置收养关系并无任何的证明力。

本案原告陈廉，膝下无子，一直担心自己的财产没有子嗣继承。但是，若未办理收养手续，即使已落户口，孩子依然不具有继承权。《民法典》第1127条规定："遗产按照下列顺序继承：（一）第一顺序：配偶、子女、父母；（二）第二顺序：兄弟姐妹、祖父母、外祖父母。继承开始后，由第一顺序继承人继承，第二顺序继承人不继承；没有第一顺序继承人继承的，由第二顺序继承人继承。本编所称子女，包括婚生子女、非婚生子女、养子女和有扶养关系的继子女。"养子女若要享有继承权，需要提供有效的收养证明或者相关机构出具的证明以证实具有继承关系。

若当事人没有办理收养手续而仅在户籍部门办理了户口登记，

户籍部门只能证实其户口关系，但是无法以此种户籍档案来证实双方之间的收养关系。当事人之间未形成合法收养关系的，应当尽快至收养登记机关办理相关收养手续。收养非社会福利机构抚养的查找不到生父母的弃婴和儿童的，在弃婴和儿童发现地的收养登记机关办理登记。收养生父母有特殊困难无力抚养的子女或者由监护人监护的孤儿的，在被收养人生父母或者监护人常住户口所在地（组织作监护人的，在该组织所在地）的收养登记机关办理登记。收养三代以内同辈旁系血亲的子女，以及继父或者继母收养继子女的，在被收养人生父或者生母常住户口所在地的收养登记机关办理登记。

值得一提的是，若父母将自己的亲生儿女送给他人收养，那么被收养的子女对其遗产是否还享有继承权？被合法送养的子女，自收养关系成立后与生父母之间法律上的权利义务关系消除。被收养人对于养父母的遗产可以因法定继承享有继承权，但是对亲生父母的遗产则不具有继承权。如果被收养人在被送养后仍然经常探望亲生父母，照顾二人生活，对其亲生父母尽了较多的扶养义务，则可以分给适当的遗产，具体的分割份额可以与生父母的法定继承人协商，协商不成的可以依法请求人民法院予以分割。亲生父母如果想要给被送养出去的子女分配遗产份额，也可以采取遗嘱或者遗赠的方式。

《民法典》第 1105 条、第 1106 条、第 1127 条

41. 养父母和养子女关系恶化，可以协议解除亲子关系吗？
——收养关系的解除

因家庭困难，郭园父母无力抚养 7 岁的郭园，便将其送至老郭

家中抚养，郭园系老郭的侄女。彼时老郭婚后与妻子虽已育有一子，但仍将郭园视如己出，供其上学至大学毕业，并安排到国企电力系统工作。其间，夫妻俩为其办理城市户口，交付购房首付款、单位集资款等大笔现金。后来，郭园因与老郭夫妻长期缺乏交流，关系日益恶化，难以再共同生活。2013年，双方因琐事再次发生争执，遂签订"脱离收养关系协议"。之后郭园便回到亲生父母所在的青海，再未与二老联系。二老对郭园彻底失望，故起诉郭园履行上述协议。上述协议的效力如何？老郭夫妻的诉讼请求能否得到支持？

老郭夫妻、郭园之间的收养关系发生在原《收养法》施行后，该法规定收养人收养被收养人时应当无子女。本案中，首先，老郭夫妻收养郭园时已育有一子，故老郭夫妻、郭园间的收养关系不成立。原《收养法》第17条规定，"孤儿或者生父母无力抚养的子女，可以由生父母的亲属、朋友抚养。抚养人与被抚养人的关系不适用收养关系"。郭园系老郭的侄女，郭园生父母与老郭存在亲属关系，因而老郭夫妻、郭园之间形成了事实上的抚养关系。其次，郭园签订"脱离收养关系协议"时未遭受威胁。签订该协议时，郭园已被老郭夫妻抚养成人，所签内容系其真实意思表示，合乎合同自由原则，不违反法律、行政法规的强制性规定，合法有效，郭园应按照约定全面履行自己的义务。老郭夫妻两人与郭园之间多年来已经形成事实上的抚养关系。养育之恩无法用金钱来衡量，但双方签订的"脱离收养关系协议"一定程度上反映了双方对经济补偿的真实意思表示。

《民法典》于2021年1月1日施行，原《婚姻法》《继承法》《民法通则》《收养法》《担保法》《合同法》《物权法》《侵权责任法》《民法总则》同时废止。编纂《民法典》不是制定全新的民事法律，也不是简单的法律汇编，而是对现行的民事法律规范进行编订纂修，对已经不适应现实情况的规定进行修改完善，对经济社会生活中出现的新情况、新问题作出有针对性的新规定。这就在一定程度上保持了法律的稳定性和延续性，从而避免了因《民法典》的实施而给司法实践带来过大的冲击和不适。依据相关司法解释，《民法典》施行后的法律事实引起的民事纠纷案件，适用《民法典》的规定。《民法典》施行前的法律事实引起的民事纠纷案件，适用当时的法律、司法解释的规定，但是法律、司法解释另有规定的除外。《民法典》施行前的法律事实持续至《民法典》施行后，该法律事实引起的民事纠纷案件，适用《民法典》的规定，但是法律、司法解释另有规定的除外。

由此可见，上述案件有关收养关系是否有效的认定，若收养关系发生在《收养法》施行后和《民法典》施行前，则依据原《收养法》条文认定；若发生在《民法典》施行后，则依据《民法典》婚姻家庭编收养章节的条文认定。"脱离收养关系协议"的效力与适用，亦应按照相同的时间效力规定单独判断。本案的收养事实如果发生在 2022 年，由于《民法典》第 1098 条规定，收养人应当"无子女或者只有一名子女"，老郭夫妻已有的一名婚生子并不会影响后续收养郭园，收养关系自始存在。依据《民法典》第 1115 条、第 1116条，即使郭园成年以后个性张扬、双方关系恶化、无法共同生活，也可以协议解除收养关系，到民政部门办理解除收养关系登记。不能达成协议的，可以向人民法院提起诉讼。

本案中，双方之间并未形成法律上的收养关系，而仅形成了事实上的抚养关系，就身份关系而言是无需签订"脱离收养关系协议"的。当然，即便该协议中有关解除收养关系的内容不能成立，有关抚养补偿的内容还是有效的。

关联法条 《民法典》第 1098 条、第 1114—1116 条

42. 养子女成年后，可以起诉养父母解除收养关系吗？
——收养关系的解除

　　小娟于 1989 年出生后不久，被韦氏夫妇收为养女并办理了户口登记，后韦氏夫妇将小娟抚养成年。小娟结婚后，为报答韦氏夫妇的养育之恩，将韦氏夫妇接来同住。后韦氏夫妇因不满小娟在婚姻方面的选择，与其产生矛盾。为缓和矛盾，小娟曾于 2016 年 1 月给韦爸爸写过一封书信，其在信中对往事进行了回忆，也道出了韦爸爸的不容易，希望韦爸爸说服韩妈妈不要过多计较，给其一点个人空间。此后，双方均有所妥协，矛盾有所缓和。但家庭的矛盾一点点积累，后来小娟与韦氏夫妇再次发生冲突，小娟遂提起诉讼，请求解除收养关系。法院经审理后认为，该矛盾属于一般生活矛盾，判决驳回起诉，并未解除小娟与韦氏夫妇之间的收养关系。

　　随后，韦氏夫妇搬出小娟居所。有一天，韦氏夫妇因所住房子漏雨，就向小娟要 1000 元修屋，小娟手头紧不愿给。韦氏夫妇就商量卖掉小娟放在养父母处的一个二手家具，小娟不同意，但没过几天小娟自己把家具卖了。虽然最后小娟也给养父母修好了房子，但因为此事，双方心存芥蒂，当街发生争吵的事情常有发生。其后，双方矛盾越积越深，逐渐断了来往。韦氏夫妇表示："我们含辛茹苦将她养大，就因为一件小事，她对我们不闻不问，亲人处成仇人，我们两人感觉养了三十年的女儿不如结婚没两年的男人，想死的心都有了。"2017 年 12 月，韦氏夫妇诉至法院，要求解除收养关系，并主张小娟补偿收养期间支出的生活费和教育费 6 万元，以后每月支付生活费 500 元。韦氏夫妇的诉讼请求能否得到满足？

首先，根据我国《民法典》第1115条规定："养父母与成年养子女关系恶化、无法共同生活的，可以协议解除收养关系。不能达成协议的，可以向人民法院提起诉讼。"对该条文的理解和适用，首先应当明确的一个点是条文所规定的"成年子女"应当理解为《民法典》第17条规定的18周岁为界限，而不包括第18条第2款规定的"视为完全民事行为能力人"的符合条件的16周岁。其次，本条适用的事实要件为"关系恶化、无法共同生活"，但何为"养父母与成年养子女关系恶化"并无明确的法律规定或者具体解释，如何理解和适用应当在具体案件中加以甄别。另外，对"无法共同生活"的理解则应当更加宽泛，因为收养关系拟制的养父母子女关系是亲子关系，养子女成年后多婚配另居，与婚姻关系中共同生活的"同财共居"的性质是不同的，也不应当如此要求，只要双方以亲子关系的身份来往探视、赡养扶助，就可以被视为共同生活的维系。

其次，针对养子女成年后解除收养关系的法律诉讼，应当先认定收养人、被收养人之间是否存在有效的收养关系，然后根据具体案情考察当事人之间是否尽到抚养扶助义务、是否保留亲子称谓等来综合判断是否满足事实要件。在此基础上，判定当事人之间的收养关系是否应当解除。

本案中，首先，韦氏夫妇收养小娟后依法办理了收养登记，并在收养关系存续期间尽到抚养教育义务将小娟抚养成人，小娟成年后也将韦氏夫妇接来一同生活尽到赡养义务，从以上事实均可得出韦氏夫妇对小娟的收养是合法的有效收养，且并无其他无效情形。其次，本案中现有证据并不能证明双方矛盾尖锐以致关系恶化、无法共同生活，双方虽有生活中的纠纷，也仅属于一般的家庭生活纠纷，而且双方也曾就相关纠纷进行沟通解决，可以看出双方对于这份父母子女关系还是很在乎的。正所谓"清官难断家务事"，共同生活期间不可能不产生一点矛盾，若将一般的家庭纠纷都视为满足诉讼解除收养关系的事实要件，会损及家庭关系的稳定和家庭凝聚力，也是对"收养关系有效成立后应当尽可能有效存续"这一原则的违背。因此小娟的诉讼请求应当不予支持，即不支持收养关系的解除。

对于小娟起诉解除收养关系未果后，双方矛盾激化，韦氏夫妇提起解除收养关系的诉讼是否满足诉讼解除收养关系的事实要件，应当结合本案事实作如下理解：在本案中双方之间的隔阂已经持续较长时间，因为小娟在养父母搬离后对韦氏夫妇缺乏必要的尊重和照顾，导致养父母对其失去信任，根据案件相关事实，双方关系确已恶化，无法共同生活，收养关系名存实亡。现韦氏夫妇坚决要求解除收养关系，应当予以支持。但是，至于韦氏夫妇主张的"要求小娟补偿其收养期间支出的生活费和教育费"，因为收养关系成立后，养父母对于未成年养子女有法律规定的抚养教育和保护的义务。而且收养关系的解除是没有溯及力的，原则上收养人不能要求被收养人返还收养期间支出的费用。例外情形为我国《民法典》第1118条规定的"因养子女成年后虐待、遗弃养父母而解除收养关系的，养父母可以要求养子女补偿收养期间支出的抚养费"，但本案中并无证据证明小娟有虐待、遗弃的行为，因此对于韦氏夫妇要求小娟补偿收养期间支出的生活费和教育费的主张应当不予支持。

另外，我国《民法典》第1118条规定："收养关系解除后，经养父母抚养的成年养子女，对缺乏劳动能力又缺乏生活来源的养父母，应当给付生活费。"收养关系是一种拟制血亲关系。养父母与养子女虽无血缘关系，但在养子女的成长过程中，养父母同样付出了大量的时间、精力、金钱，还有关爱。法律上拟制的收养关系可以画上句号，但多年来的亲情与恩情是无法割断的，即便解除收养关系，养子女仍应抱有感恩之心，对含辛茹苦将其抚养长大的养父母尽到赡养之责，以弘扬敬老、养老、助老的中华民族传统美德。

孝敬父母是中国传统伦理基石，是中华民族的传统美德。本案中，小娟自幼被韦氏夫妇收养，双方共同生活二十余年。韦氏夫妇作为养父母，不仅尽到了抚养小娟的法定义务，更在法定义务之外力所能及地给予了小娟经济、生活帮助。随着韦氏夫妇逐渐年迈，正是小娟应尽赡养义务的时候，若允许韦氏夫妇随意解除收养关系，或致韦氏夫妇老无所养，显然有失公允及公德，不利于弘扬良好的社会风尚。所以在成年养子女与养父母之间解除收养关系的诉讼特别是成年养子女作为诉讼提起人的情况下，针对是否满足解除的法定要件，应当严格审查，不宜将一般家庭纠纷涵盖入其中。

关联法条 《民法典》第 17 条、第 18 条、第 1115 条、第 1118 条

43. 未办理收养登记手续，还能通过诉讼解除收养关系吗？

——事实收养关系的解除

老李夫妇于 1989 年 6 月 24 日抱养朋友老蔡夫妇刚刚生育的女儿，取名李晓晓，并将李晓晓的户口落在老李的户口本上，但并未到相关部门办理收养手续。夫妻二人省吃俭用将李晓晓抚养成人，双方以父母子女名义共同生活至今。李晓晓成年后，老李在当地某国有企业为晓晓安排了一份体面的工作，后晓晓结识了同事小王。不久，在老李夫妇的见证下，晓晓与小王结为夫妇，婚礼上老李夫妇向晓晓坦白其并非亲生。婚后，小王与晓晓共同生活在老李夫妇的房子里。在此期间，晓晓与老李夫妇因家庭琐事发生矛盾，甚至纵容丈夫小王打骂老李夫妇，甚至声称："他们并未办理收养登记，根本不是我父母。"老李夫妇此后曾于 2015 年 3 月 24

日诉至法院，要求解除与李晓晓的事实收养关系，但未获得法院支持。事后，双方关系仍未缓和，李晓晓将老李夫妇赶出家门，并称要与他们断绝往来。最终老李夫妇再次诉至法院，再次要求解除与李晓晓的事实收养关系，同时要求李晓晓与小王从他们的房屋里迁出。双方收养关系是否成立？若成立，该事实收养关系是否满足诉讼解除的条件？老李夫妇的诉讼请求是否可以得到支持？同时，老蔡起诉请求确认其与晓晓的亲子关系，生父老蔡的主张可否得到支持？

对于李晓晓与老李的收养关系是否成立、生父老蔡的主张是否可以得到支持的问题，其实质是判断李晓晓与老李夫妇之间是否存在事实收养关系。根据《民法典》规定，收养关系的有效成立有赖于收养登记程序的完成，那么未办理收养登记手续的收养就一律不被保护吗？答案是否定的。收养关系的登记要件最早在 1998 年 11 月 4 日修订的《收养法》中被明确，《收养法》第 15 条第 1 款规定：收养应当向县级以上人民政府民政部门登记。收养关系自登记之日起成立。

本案中首先应当肯定的是老李夫妇与李晓晓之间的事实收养关系的成立。事实收养是指双方当事人没有办理收养公证相关手续，但又符合法律规定的收养条件，且已经以养父母养子女关系共同生活良久，也即事实收养关系的成立除公证手续外，其他收养的合法性条件都是满足的，且双方已经以养父母子女关系共同生活长达一定时间。本案中，"户口登记""双方以父母子女名义共同生活至今"等事实均可证明事实收养关系的成立，且该收养的事实发生在 1989年，早于《收养法》的实施日。虽李晓晓对此不予认可，但结合相关证据以及客观事实可知收养关系是成立的，李晓晓所称其与老李夫妇之间未成立收养关系不能得到支持，也即本案中老李夫妇虽未到民政部门办理过收养登记手续，但双方之间已形成事实收养关系。

自然地，收养关系的成立使得李晓晓的生父老蔡与李晓晓基于自然血亲成立的父母子女关系已解除，老蔡提出的确认其与李晓晓亲子关系的诉讼请求，应当不予支持。

在肯定事实收养关系后，还需考虑诉讼解除收养关系的要件。本案中老李夫妇两次起诉解除收养关系，且李晓晓长期未与老李夫妇联系并纵容丈夫打骂老李夫妇，漠视收养关系的存续。现老李夫妇解除收养关系的态度坚决，可以认定双方关系恶化，无法共同生活，所以解除其与李晓晓之间事实收养关系的诉求应当得到支持。同时，因涉案房屋系老李夫妇所有，收养关系解除后，作为房屋所有权人的老李夫妇要求李晓晓迁出涉案房屋的诉讼请求也应予以支持。

最后，通过本案我们也可以注意到对于成年养子女与养父母之间通过诉讼途径解除收养关系的事实要件的认定，应当考虑以下几个因素：

第一，要查明相关案情的基础事实。包括但不限于双方收养关系是否有效成立、共同生活的情况、产生矛盾的原因、矛盾持续的时间、矛盾是否有消除化解的可能以及双方是否有解决矛盾的倾向、是否有虐待遗弃情形等。其中收养关系是否成立以及双方矛盾应系重中之重。只有对双方的矛盾进行细致的审查和辨明，才能明晰该矛盾是否属一般家庭纠纷、诉讼解除收养关系是否是一时冲动。

第二，在合理限度内考虑老年人的权益保护，区分判断的标准。此类案件中，养父母多为老年人，虽然我国《民法典》并未将老年人权益的保护作为一项基本原则予以确定，但是从成年养子女在解除收养关系后还应当对没有劳动能力和收入来源的养父母给付生活费的规定来看，这一原则是应有之义，也与我国《老年人权益保障法》以及中华民族的传统美德相吻合。从对老年人的权益保护出发，在具体判断时，应当区分提起诉讼的主体是成年养子女还是养父母而适用有差异的判断标准。对于成年养子女主张解除的，支持解除的标准应当高一点，因为此时正是成年养子女承担赡养义务之时，权利义务应当是对等的。若随意解除收养关系，可能导致养父母的利益受损，发生成年养子女逃避赡养义务等违背道德与法律之状况。当然，此时也应当注意成年养子女对于养父母是否有虐待、遗弃的情形，准确判断该段收养关系应否、能否维系。若主张解除的是养父母，判断标准则应当稍微宽松一些，因为成年养子女已经有一定的独立生活的能力，收养关系解除对其权利的损害是可控的。若确认解除收养关系是养父母的真实意愿而非一时冲动，且双方之间的矛盾是不可调和的，则继续维系这样的收养关系可能更不利于养父母的合法权益。若无益处，自不必用一段名存实亡的关系来强行捆绑双方，倒不如支持解除这一亲子关系。

关联法条

《民法典》第 1115 条

44. 孩子被人当弃婴收养，生父母可以要求撤销收养登记吗？

——无效收养的后果

周明因外出打工，将亲生儿子小周寄养在朋友金东家。几个月后，因无法联系到周明，金东报警称捡到弃婴。公安机关向某市民政局出具"经调查未找到弃婴亲生父母"的证明。其后，鲍氏夫妇向民政局提出收养申请，民政局当日办理了收养登记。孩子的亲生父母周明、王季向民政局提出撤销收养登记的申请未果，遂提起行政诉讼，请求撤销民政局作出的收养登记行为。

收养登记行为关系到当事人特定身份关系的解除和建立，关系到未成年人的合法权益，登记机关应当谨慎履行审查职责，除了要求申请材料在形式上齐全，还应对申请材料的内容进行实质性审查，对有效线索进行调查，并对存在的疑点进行核实和排除。

作为一种设立拟制血亲关系的身份契约行为，我国法律对收养行为的各个阶段均进行了限制，首要的便是对收养行为当事人的条件限制。本案中，金东关于捡拾婴儿的报警内容纯属虚假，被收养的孩子不属于查找不到生父母的弃婴，不符合法定的收养条件，因而该收养行为应当属于无效的收养行为。而民政局未依法履行审查义务，未履行公告程序，被诉收养登记行为应当予以撤销。

即使被诉登记行为未被撤销，因本案中被收养人并非"查找不到生父母的未成年人"，也即并非弃婴，不满足《民法典》第1093条关于被收养人条件的限制。依《民法典》第1113条之规定，该收养行为因"违反本编规定"而无效，且无效的收养行为自始不发生效力。因此周明与王季还可向法院主张收养行为的无效。

即便本案中被收养人与收养人已经生活了三年有余，然而法律应维护社会的基本秩序，而不应当仅将目光放置在感情的共鸣或者情感的偏好上。任何一种权利均需要有合法来源，在法律规则与道德情感发生冲突时，法律应当以权利义务来划清行为的边界。收养行为因被收养人不满足被收养的条件而无效，无效的收养行为产生的效力溯及既往。鲍氏夫妇与小周的收养关系自始不存在，周明、王季与小周的父母子女关系自始未被解销，生父母与子女血浓于水的亲情关系应当得到保护，亲生父母的抚养权、原生家庭的完整性应当得到尊重。

关联法条 《民法典》第1093条、第1113条

45. 收养登记手续不全，还能获得"养子"的保险金吗？

——无效收养的后果

王阳在网上投保了甲保险公司的个人综合意外险，被保险人为其本人，意外身故保险金额为 50 万元，身故受益人栏勾选"法定受益人"。保险期间，王阳因交通事故身亡，其父王明、其母李芃向甲公司报案后遭拒赔。另查明，王阳系王明、李芃于 1999 年抱养的弃儿，生父母不详，2001 年为其办理户籍入户手续，登记为"养女"。因有关部门需要出生证才能办理收养手续，故一直未办理收养登记手续。王阳接受过普通高中教育、职业技术教育，并已参加工作。甲保险公司以未办理收养登记、未构成合法收养关系为由，认为王氏夫妇并非合同约定的"法定受益人"。王明、李芃诉至法院要求甲保险公司支付意外身故保险金。

本案保险公司的主张不能成立。

首先，案涉保险为个人综合意外保障险，系被保险人因意外事故而导致身故、残疾为给付保险金条件的人身保险，其目的多在于为家庭生活预留保障。案涉保险为王阳本人以自己的生命为标的投保，被保险人王阳享有当然的受益人指定权。

其次，王阳出生即被抱养，1 岁多时户口登记为王氏夫妇的养女，且生父母不详。该收养行为发生在 1999 年，2001 年办理户籍入户，因种种原因并未办理收养登记手续。从案件相关事实来看，该收养行为满足有效收养行为的实质要件，但欠缺程序要件，且该收养事实发生的时间也不满足事实收养的时间要求，故而本案的情形并不属于事实收养。

最后，前文已述，王阳投保个人综合意外保障险的目的在于为家庭生活预留保障。把抚养其长大、与其共同生活的王氏夫妇认定为被保障人是符合一般社会价值观念和王阳投保时的真实意思的。本案中保险合同约定的身故受益人为"法定受益人"。根据《保险法》的相关司法解释，应以法律规定的法定继承人为受益人。本案被保险人王阳死亡时未婚，无生育子女，亲生父母不详，在出生不久即被王氏夫妇抱养。虽未办理收养手续，与王氏夫妇之间未形成法律意义上的收养关系，但从所在基层组织、户籍登记机关均认可王阳系养女的事实来看，王阳属于《民法典》第1131条中所列的"继承人以外的对被继承人扶养较多的人"，在王阳无其他继承人的情况下，王明与李芃完全可以视同王阳的继承人，可以作为"法定受益人"取得相应的保险金。

关联法条 《民法典》第 1131 条

46.

多年养育后收养关系无效，"养父母"将人财两空吗？
——无效收养的后果

2005 年 11 月，在张壮和李晓丽夫妇已经育有二孩的情况下，李晓丽再度怀孕并在家产下一子。为减轻经济负担，在孩子出生一个星期后，张壮找到没有孩子的朋友刘亮，称把这个孩子送给他们夫妇收养，但鉴于张壮夫妇可能违反当时的计划生育政策，双方并未办理收养登记手续，也未签订收养协议。刘亮夫妇给孩子起名刘小亮，并在提供居家生育证明材料后进行了户口登记，将刘小亮登记为独生子。此后十余年来，刘亮夫妇对孩子视如己出，尽心尽力抚

养教育。2021 年 7 月，张壮夫妇向刘亮夫妇提出归还孩子的要求，遭到拒绝，遂诉至法院，请求确认与刘小亮之间存在亲子关系。刘亮夫妇承认刘小亮是张壮夫妇生育的，但已经成为自己的养子女了，如果非要把孩子还回去，并且孩子也愿意回去，那么就要赔偿自己十余年来付出的养育费用以及精神损失。双方主张在法律上是否可以得到支持？

《民法典》规定了收养自愿原则，并要求收养必须办理登记手续。本案中，双方虽然当时达成了送养、收养的一致意愿，但因为未签订收养协议，也没有进行收养登记，所以不满足收养关系成立的形式要件。依据《民法典》第 1113 条第 1 款规定，该收养行为无效，刘亮夫妇与刘小亮之间收养关系不成立。

此外，依据《民法典》第 1113 条第 2 款，收养行为被确认无效后，收养人与被收养人之间的父母子女关系溯及既往地消灭，而被收养人的生父母与被收养人之间的父母子女关系则溯及既往地恢复。本案中，刘小亮与张壮夫妇之间的亲子关系并未因收养关系而终止。

收养关系被确认无效后，原先的"养父母"与"养子女"之间拟制的父母子女关系自始不存在。因此，共同生活期间"收养人"为"被收养人"支出的必要费用，"收养人"可以要求返还。一方面，"收养人"可以向已经成年的"养子女"主张必要支出费用的返还。另一方面，对于未成年的"养子女"，收养关系无效后，其与生父母之间的父母子女关系恢复，因而收养人可向其生父母主张费用的返还。本案中，对于共同生活期间刘亮夫妇所支出的必要费用，可以在提供有关证据后要求张壮夫妇予以返还。

综合考量本案相关要素，双方对于收养关系的无效均存在过错，且过错程度大体相当，因此刘亮夫妇关于精神损害的主张很难得到法律支持。

当然，在本案处理上，鉴于收养行为无效，故刘小亮对自己的身份定位也没有选择权，其只能与张壮夫妇成立法律上的亲子关系。至于抚养教育刘小亮的刘亮夫妇，在法律意义上失去了一个儿子，失去了一份宝贵的亲子关系，但在社会意义上并非如此。他依然可能成为刘小亮在社会意义上的父母，刘小亮成年后虽然对他们没有法律上的赡养义务，但是依然具有道德上的赡养义务。若刘小亮以后对抚养教育自己的刘亮夫妇"不孝"，则可能受道德谴责。就此而言，刘小亮当然可以对日后在哪个"家"生活以及如何"尽孝"加以选择，若其对两个"家"都负起责任，则在法律和道德上均受赞许。

关联法条

《民法典》第 1113 条

47. 失去家庭的儿童，谁来承担监护责任？
——对未成年人的国家监护

　　玲玲出生后约一个星期，其母亲便下落不明，其满月后就被父亲绍甲抱送至大姑母绍乙家中抚养。2013 年，绍甲以及绍乙的丈夫相继去世，而绍乙自身也患有严重眼疾且无固定生活来源，日常起居较为困难，无法再继续照顾玲玲，因此只好将玲玲安置在其小姑母绍丙家中生活。然而，绍丙自身家庭生活也存有不少难处，亦无暇照看玲玲，更无法保障玲玲读书、吃饭等成长的基本需求，导致玲玲长期处于流浪状态。2018 年 1 月，玲玲最终在政府等有关部门的帮助下进入市救助站获得临时保护。2018 年 2 月，市救助站考虑到孩子照料等因素影响，以绍玲玲属困境儿童身份为由，将其转移至市儿童福利院生活，由儿童福利院代养至今。数年来，救助站一直没有放弃为玲玲寻找母亲，通过市公安局查找信息库、做 DNA 对比、在报刊上登报寻人等各种方式查找，仍然寻亲无果。随着年龄

增长，没有监护人的玲玲无法办理正常的入学手续，如何上学成了一个大难题。该由谁来做困境儿童的监护人呢？

我国《民法典》第 27 条规定，父母是未成年子女的监护人。未成年人的父母已经死亡或者没有监护能力的，由下列有监护能力的人按顺序担任监护人：（1）祖父母、外祖父母；（2）兄、姐；（3）其他愿意担任监护人的个人或者组织，但是须经未成年人住所地的居民委员会、村民委员会或者民政部门同意。也就是说，原则上父母为孩子的监护人，仅当父母死亡或丧失监护能力时，才由其他组织或个人担任监护人。本案中，玲玲母亲多年下落不明，其在世亲人又均因自身身体或家庭状况无法承担起妥善抚养的责任，对玲玲有监护资格的人员均已丧失监护能力或不愿意担任监护人。根据我国法律规定，没有依法具有监护资格的人的，监护人可以由民政部门担任，而市儿童福利院作为民政局下属的事业单位，对未成年人负有社会救助职责。

2018 年 8 月，市民政局和儿童福利院、区政府与玲玲所在街道社区多次协商后，书面确认由市儿童福利院担任玲玲的合法监护人。参照监护争议的解决程序，最终确认由救护站向法院提交指定监护人申请书，由区检察院支持起诉，同时将市儿童福利院作为本案第三人，要求确认市儿童福利院为玲玲的监护人。为切实保障玲玲的合法权益，使其能在有合法监护人监护的情况下，尽快解决落户及正常上学等实际问题，法院依法判决，指定市儿童福利院为玲玲的合法监护人。玲玲在出生多年之后，终于可以和同龄孩子一样拥有美好的生活。

值得一提的是，救助站曾以玲玲为困境儿童为由，将其送往儿童福利院代养，那么什么是困境儿童呢？如何认定困境儿童，认定之后又可以获得什么救助呢？根据 2016 年国务院发布的《关于加强困境儿童保障工作的意见》规定，困境儿童包括因家庭贫困导致生活、就医、就学等困难的儿童，因自身残疾导致康复、照料、护理和社会融入等困难的儿童，以及因家庭监护缺失或监护不当遭受虐待、遗弃、意外伤害、不法侵害等导致人身安全受到威胁或侵害的儿童。在生活保障方面，将困境儿童分类纳入孤儿保障、特困人员救助供养、最低生活保障、临时救助等范围；在医疗保障方面，对重病、重残儿童，居民基本医疗保险和大病保险给予倾斜，医疗救助对符合条件的适当提高报销比例和封顶线；对低保家庭儿童、重残儿童、纳入特困人员救助供养范围的儿童参加城乡居民基本医疗保险给予相应补贴；在教育保障方面，对家庭困难的残疾儿童，可以进行包括义务教育、高中阶段教育在内的 12 年免费教育等。

儿童是家庭的希望，是国家和民族的未来，确保儿童健康成长是全社会共同的责任。因此，充分保护好未成年人的合法权益，尤其是缺乏关爱的流浪儿童、困境儿童，贯彻"最有利于儿童"原则十分必要。本案系检察机关支持起诉的困境儿童指定监护人案件，通过法律程序指定社会福利机构作为监护人，通过公益诉讼推动落实国家监护，为人民法院解决此类问题提供了有益的经验。

《民法典》第 27 条

48. 父母去世后，成年兄姐应当扶养年幼的弟弟妹妹吗？
——兄弟姐妹之间的扶养义务

2021 年热映的电影《我的姐姐》讲述了这样一个故事：姐姐安

然的父母为了要一个男孩，不惜谎报她身有残疾，是个瘸子，甚至在检查人员撞破姐姐身体健康的真相时，父亲对她一顿暴打。高考时姐姐填报的北京临床医学专业，也被父母偷偷改成了家乡的护理专业，理由是女孩要早点赚钱养家。考研去北京成为姐姐摆脱父母的光明出路。但随后父母不幸车祸身亡，给她留下了年仅六岁的弟弟。面对一个从未谋面的弟弟，原本已经明确人生规划的姐姐不禁疑问：她有义务扶养关系冷漠疏离的弟弟吗？如果扶养了弟弟，在姐姐年老时能要求弟弟照料自己吗？

兄弟姐妹在法律意义上属于二亲等的旁系血亲，旁系血亲之间是否有扶养义务，对此观点不一。我国初期并未对此作出规定，但在实际生活中兄、姐扶养弟弟妹妹的情况却较为常见。为弥补父母子女扶养的不足，维护家庭成员的生存，我国 1980 年的《婚姻法》特规定了有负担能力的兄、姐，对于父母已经死亡或父母无力抚养的未成年弟、妹，有抚养的义务。但此规定仅提及了一方的义务，为贯彻权利义务对等原则，随后 2001 年修改的《婚姻法》又补充了由兄、姐扶养长大的弟、妹对处于特定状况下的兄、姐的扶养义务。此次修订亦将"有抚养的义务"改成"有扶养的义务"，突出了扶养的双向性。

事实上，父母丧失抚养能力或不幸去世后，成年的姐姐是否必须扶养年幼的弟弟，这要根据具体情况具体分析，而不能一概而论姐姐必须扶养弟弟。根据我国法律规定，父母是未成年子女的监护人。未成年人的父母已经死亡或者没有监护能力的，由下列有监护能力的人按顺序担任监护人：（一）祖父母、外祖父母；（二）兄、姐；（三）其他愿意担任监护人的个人或者组织，但是须经未成年人住所地的居民委员会、村民委员会或者民政部门同意。

也就是说，父母去世或无监护能力时，具有监护能力的成年的姐姐担任未成年弟弟的监护人是排第二顺位的，如果孩子的祖父母

（外祖父母）在世并具有抚养能力，或是姐姐自己也没有扶养能力，此时姐姐就无须扶养弟弟。在电影《我的姐姐》中，许多人质疑：姐姐安然带着弟弟生活，无疑会对自己生活造成巨大影响，她该作出这么大的牺牲吗？刚成年的姐姐有这个"扶养能力"吗？依据兄弟姐妹间的生活扶助义务标准，兄、姐在维持自己的合理生活需要后，还有一定经济能力时，可认定为具有"扶养能力"。如果兄、姐自身生活都难以维系，或者仅仅能够保障自己的基本生活需要，那么也不应当强制要求其扶养未成年弟、妹。但需要注意，一段时间内的生活质量下降并非认定"没有扶养能力"的唯一标准，还需要结合多重因素进行考量。

权利和义务往往都是对等的，由兄、姐扶养长大的有负担能力的弟、妹，对于缺乏劳动能力又缺乏生活来源的兄、姐有扶养的义务。对于"扶养长大"，应当理解为兄、姐长期为弟、妹提供全部或主要扶养费，而非仅仅是协助父母进行过一定程度的照顾。"缺乏劳动能力又缺乏生活来源"，应当理解为同时具备"缺乏劳动能力"和"缺乏生活来源"的兄姐才能请求弟、妹扶养。例如，姐姐残疾但未完全丧失劳动能力，还有自己可供生活的积蓄以及低保金等相应待遇，此时不能认为弟弟有扶养义务。再如，姐姐因患病长年服药，但其还享有医疗保险，报销比例近80%，因此无法证明姐姐已达到因病致贫的程度，此时亦不能认为弟弟有扶养义务。

在电影情节中，重男轻女的观念固不可取，父母在生二胎时考量也并非周到，但作为孩子的弟弟不该为此承担责任。独立和爱与善良，从来不是两个选择，别让性别话题下的道德，失去它应有的标准。

关联法条

《民法典》第27条

49. 血脉亲情紧相连，祖父母对孙辈有"探望权"吗？

——"隔代探望权"的实现

2016年8月1日，应女士与陈先生登记结婚，两年后生育女儿陈小某。2019年11月，陈先生被查出患有癌症，预感自己将不久于人世，便立下遗书一封，希望父母能在自己去世后多在生活上照料妻子与女儿，但不要干扰妻子开始新生活，并替代自己时时探望女儿。陈先生去世后，应女士独自照顾年幼的女儿力不从心，因此便带着女儿陈小某回到老家，与公婆陈大爷和冯大妈一起居住。但由于生活习惯差异以及性格不合，应女士与公婆逐渐产生各种家庭矛盾。2020年底，应女士带着女儿离开了公婆，搬到了自己父母家里生活。陈大爷老两口与应女士关系虽有不和，但十分疼爱孙女，从应女士带着孩子搬走至今，老两口每个月都会支付给应女士1000元生活费，并主动承担孙女的早教费用。起初，老两口每个月会登门探望孙女，应女士也并未阻拦。但从2021年开始，应女士的态度逐渐转变，不再让陈大爷老两口探望孙女。2021年6月，近半年未见孙女的老两口再次要求探望孙女无果，将应女士告到了法院，请求法院准予两人能每周探望孙女6小时，并且寒暑假可以带孙女回自己的家中生活6天。陈大爷老两口认为，孙女是他们在这个世界上唯一的后代，作为祖父母应当有权利探望孙女，并且这也是儿子的遗愿，因此希望法院支持自己的诉讼请求。应女士则认为，陈大爷老两口不时地上门拜访打乱了自己的生活节奏，也不利于自己开始新生活。法律只规定离婚后不直接抚养孩子的父亲或母亲才享有探望权，祖父母并不享有探望权，自己没有让亡夫的父母定期探望女儿的义务。针对此案，法院会如何判决呢？法官会支持老两口的诉求吗？

　　本案的关键在于祖父母是否有探望孙子女的权利。本案中，孩子的父亲陈先生已经去世，其无法对女儿行使探望的权利，但陈先生在去世前明确表示希望父母能替代自己在自己去世后探望女儿。陈先生的这个行为，能使得陈大爷老两口从儿子处受让对陈小某的探望权吗？也就是说，父亲对女儿的探望权可以通过意思自治转让给他人吗？父母对子女的探望权基于父母子女关系成立而产生，而父母子女关系具有法定性和人身专属性，不以人的意志为转移。基于父母子女关系而成立的探望权也是如此，并不能根据当事人的意愿而自由转让。因此本案中的陈大爷老两口并不能受让儿子对陈小某的探望权。陈先生的遗书中有关希望父母能替代自己探望女儿的遗愿，仅是一个美好的期盼。

　　既然不能通过受让儿子的探望权的方式达到探望孙女的目的，那陈大爷夫妇自己是否有探望孙女的权利呢？《民法典》婚姻家庭编（草案）二审稿曾规定了"隔代探望权"，即祖辈对孙辈的探望权。全国人大宪法和法律委员会研究认为，鉴于目前各方面对此尚未形成共识，可以考虑暂不在《民法典》中规定"隔代探望权"，祖父母、外祖父母进行隔代探望，如与直接抚养子女的一方不能协商一致，可以通过诉讼由人民法院根据具体情况加以解决。

　　本案中，老两口与孙女之间的祖孙关系，并不因孙女的父母婚姻关系结束而解除，也不因其父的去世而消灭。《民法典》目前虽然没有明确规定祖父母有权探望孙子女，但也未明确禁止。祖父母对孙子女的探望既不违背民法的基本原则，也符合公序良俗，应当予以支持。支持陈大爷夫妇探望孙女的请求，不仅能满足祖父母对孙子女的关心、抚养、教育的情感需要，而且有利于陈小某身心健康、培育亲情观念。保护老人的合法权益不仅是《民法典》的立场，也是《老年人权益保障法》的主要立法目的。《老年人权益保障法》第

18 条规定，与老年人分开居住的家庭成员，应当经常看望或者问候老年人。本案中，陈小某曾与祖父母共同生活，根据《民法典》第 1045 条的规定属于陈大爷夫妇的家庭成员。目前陈小某年纪较小，并无能力独自看望或问候祖父母，而准许祖父母经常探望孙女不失为一个妥当的方式。支持祖父母的探望请求，不仅符合中国传统伦理以及社会风俗习惯，也能满足失独老人的情感需求，带来良好的社会效果，因此本案中法院支持了原告的诉讼请求。

但同时，法院也指出，探望的方式和时间应根据陈小某的生活节奏确定。考虑到陈小某尚且年幼，而陈老夫妇近几年来与孙女接触较少，因此适宜采用渐进式的探望方式，在陈小某满 6 周岁前，陈老夫妇可在每月第二周的周六 10 时至应女士住处接陈小某，14 时送陈小某回应女士住处，应女士应予以协助；自陈小某 6 周岁起到满 8 周岁前，陈老夫妇可在每月第一周、第三周的周六 10 时去应女士住处接陈小某，14 时送陈小某回应女士住处，应女士应予以协助。

关联法条　《民法典》第 1045 条；《老年人权益保障法》第 18 条

50. 丧偶方将孩子送养给他人，公婆（岳父母）有权阻止吗？
——（外）祖父母的优先抚养权

蒋武与小丽原是一对恩爱夫妻，婚后育有两个孩子，姐姐蒋文与弟弟蒋章。一场车祸带走了蒋武的生命，小丽成了两个孩子的唯一法定监护人，开始了艰难的单亲母亲之路。但小丽经济收入确实较低，没有能力同时抚养两个孩子，并且多次试图将孩子送养给他人。由于蒋武、小丽夫妻俩过去一直忙于工作奋斗，7 岁的蒋文与 5 岁的蒋章幼年时常与爷爷奶奶一起生活，有着深厚的感情基础。爷爷奶奶现如今依靠退休金与多年的存款，生活自足，收入相对稳定，不忍心失去儿子之后又失去孙辈，于是向法院请求变更孙子、孙女的抚养权，希望阻止小丽的送养行为，改由老人自己抚养两个孩子长大。本案中抚养权能否变更成功？

　　本案中蒋武去世后，小丽便是蒋文与蒋章的唯一法定监护人，有法定的抚养义务。但因其能力有限、经济收入较低，无奈之下多次试图送养一双儿女，爷爷奶奶于心不忍有权阻止吗？根据《民法典》第 1108 条规定，配偶一方死亡，另一方送养未成年子女的，死亡一方的父母有优先抚养的权利。根据本条，爷爷奶奶有权请求变更孙子、孙女的抚养权，由自己优先抚养。一方面，小丽经济收入确实较低，没有能力同时抚养两个孩子，并且存在试图将孩子送养的事实，而两个孩子与爷爷奶奶一起生活过，有感情基础，加之爷爷奶奶身体状况良好，有一定的经济收入，可以维持和照顾好孩子们的日常生活。另一方面，爷爷奶奶毕竟年迈体弱，同时照顾两个孩子非常吃力，且女孩随母亲生活更有利于其身心健康成长。故蒋文由小丽继续抚养较为适宜，而蒋章由爷爷奶奶抚养。最终，法院判决蒋章的抚养权归属由小丽变更为孩子的爷爷奶奶，既成功帮助原告阻止小丽的送养行为，也缓解了小丽的生活压力。

　　《民法典》第 1108 条引发的法律效果在于给予了死亡一方父母优先抚养的权利。权利不同于义务，赋予的是自然人为或不为的自由，而非强制。若本案中的爷爷奶奶年迈积贫，经历了白发人送黑发人之后，连自身生活都难以得到保障，则要求他们主动去抚养孙辈无疑是苛刻的。但本案中的二老有稳定的退休金，与孩子们有感情基础，具备抚养的基础条件。而法院判决的创新之处在于，没有完全听任二老的诉求同时转移两个孩子的抚养权，而是结合了小丽的经济实力与蒋文的生理现实，将孩子的抚养权分开。日常生活中，姐弟俩依然可以经常见面，相伴成长。

从本案的适用法规来看，配偶一方自然死亡或被宣告死亡，其主体资格即消灭，子女监护权由生存在世的另一方行使。单亲父母抚养未成年子女，由于财力、人力、物力有限，会面临更多经济上、生活上的困难，影响到未成年子女的健康成长，此情形下可以通过收养机制将未成年子女安置于新的家庭环境中。虽然有特殊困难、无力抚养子女的生父母可送养未成年子女，但在亲属关系中，已过世的一方可能仍有隔代直系血亲存在，其权益需要得到合法保障。已故父母的父母为其祖父母或外祖父母，我国传统文化中重视维护亲缘关系、家族和谐。《民法典》第1108条将权利限定于死亡一方的父母，而非双方的父母。对于生存父母而言，其所享有的亲子权益无理由向上转移，只有死亡的一方配偶的亲子权益在法律特别规定的情形下向上转移至死亡一方的父母。这一规定有效保护了死亡一方父母权益，事实上生存一方的父母往往可以通过子女这一媒介达到关怀、照顾孙辈的目的。

一般而言，祖父母、外祖父母对于自己的孙子女、外孙子女都疼爱有加，所谓"隔代亲"即指此义。尤其是当自己的子女死亡后，无论是基于对孙子女、外孙子女的疼爱，还是基于对自己子女情感的延续，祖父母、外祖父母一般都愿意承担起抚养孙子女、外孙子女的责任。在这一背景下，赋予他们阻止未成年人被送养的权利，体现了最有利于被收养人原则，也尊重了老人对自己子女、孙子女、外孙子女的情感需求。

关联法条 《民法典》第1108条

第二部分　热点编

1. 构建平等、和睦、文明的家庭关系
——"家风条款"的意义

《民法典》第1043条属于有关家庭文明建设的"家风条款",倡导优良家风建设,弘扬家庭美德和家庭文明,要求夫妻互相忠实、尊重和关爱,家庭成员敬老爱幼、互相帮助,以维护平等、和睦、文明的婚姻家庭关系。

(1)优良家风与家庭文明建设

家风建设意义重大。《周易》载有"正家而天下定矣"的古训,《礼记·大学》也曾言:"身修而后家齐,家齐而后国治,国治而后天下平。"可见,古代先辈早就揭示了家庭建设与国家治理之间的紧密联系。习近平总书记非常重视家风建设,曾指出:"家庭是社会的基本细胞,是人生的第一所学校。不论时代发生多大变化,不论生活格局发生多大变化,我们都要重视家庭建设,注重家庭、注重家教、注重家风,紧密结合培育和弘扬社会主义核心价值观,发扬光大中华民族传统家庭美德,促进家庭和睦,促进亲人相亲相爱,促进下一代健康成长,促进老年人老有所养,使千千万万个家庭成为国家发展、民族进步、社会和谐的重要基点。"

家风,也称门风,集中反映了家庭在繁衍生息、薪火相传的历史过程中形成的较为稳定的生活作风、价值导向和行为准则。优良家风承载家庭美德,是家庭文明建设中必不可少的一部分。优良家风的形成与践行对于形成健全人格以及缔造幸福生活有重要作用。古有孟母三迁只为给孩子营造良好的学习氛围,这才成就了旷世大儒孟子;近有曾国藩以"勤以持家、和以治家"为家训,使其后代及家族受益匪浅。家风与家教通常以润物细无声的方式影响个人成长。优良家风建设连接个人、社会以及国家,而社会主义核心价值观基本内容同样体现了对个人道德、社会发展以及国家建设的美好向往。爱国、敬业、诚信、友善等核心价值观,正是衡量家风是否优良的重要

标准。

怎样促进优良家风与家庭文明建设呢？习近平总书记说："广大家庭都要重言传、重身教，教知识、育品德，身体力行、耳濡目染，帮助孩子扣好人生的第一粒扣子，迈好人生的第一个台阶。……要积极传播中华民族传统美德，传递尊老爱幼、男女平等、夫妻和睦、勤俭持家、邻里团结的观念，倡导忠诚、责任、亲情、学习、公益的理念，推动人们在为家庭谋幸福、为他人送温暖、为社会作贡献的过程中提高精神境界、培育文明风尚。"

（2）维护平等、和睦、文明的家庭关系

在《民法典》中，"家风条款"的重要目的是维护平等、文明、和睦的家庭关系。

家庭成员共同生活在同一片屋檐下，形成亲密的情感联系。根据《民法典》第1045条，只有配偶、父母、子女和其他共同生活的兄弟姐妹、祖父母、外祖父母、孙子女、外孙子女才是彼此的家庭成员。法律规定的家庭成员中，配偶在我国通常指已办理结婚登记的异性伴侣，也即所谓的"夫妻"。未办理结婚登记手续的伴侣，或虽以夫妻名义共同生活但不能根据司法解释〔即《最高人民法院关于适用〈中华人民共和国民法典〉婚姻家庭编的解释（一）》（法释〔2020〕22号）第7条〕构成事实婚姻的伴侣，均不属于我国法律上的配偶，彼此不是对方法律意义上的家庭成员。不过，北京市第一中级人民法院在2023年7月的一份刑事判决中认为，牟某某虐待与其共同生活的同居女友，致被害人死亡，情节恶劣，其行为构成了虐待罪。本罪是典型的家庭暴力犯罪，对犯罪主体的范围界定应与《反家庭暴力法》的规定一致。该法第37条规定："家庭成员以外共同生活的人之间实施的暴力行为，参照本法规定执行。"法院认为，牟某某与其同居女友之间形成了实质上的家庭成员关系。父母、子女既包括生父母子女，也包括继父母子女以及养父母子女。同理，兄弟姐妹不仅包括同父同母的亲兄弟姐妹，还包括继兄弟姐妹和养兄弟姐妹。祖父母、外祖父母、孙子女、外孙子女同理。

上述共同生活的近亲属构成《民法典》中的家庭成员，应互相帮助，敬老爱幼。在江苏丰县"锁链女"案件中，患有精神疾病的杨某侠被多次拐卖，后于 1998 年 6 月成为新"买主"董某民的"妻子"，两年后董某民托关系违规办理了结婚登记。杨某侠共生了八个孩子，自 2017 年以来还遭受绳索捆绑、铁链锁脖等虐待。虽然他们的婚姻是不成立的，但是从父母子女关系角度看，他们也算是共同生活的家庭成员。杨某侠不应被如此对待，施暴者应受法律制裁。2023 年 4 月，江苏省徐州市中级人民法院判决认定董某民犯虐待罪、非法拘禁罪，应数罪并罚，决定执行有期徒刑九年。

《民法典》要求夫妻之间应当互相忠实、互相尊重、互相恩爱。通常，婚姻关系的成立意味着一个新的家庭开始组建。作为家庭的核心成员，夫妻对上共同侍奉双亲，对下共同抚育后代，承载着维系家庭关系的职责。一个破碎家庭的背后往往有一对未能妥善处理家庭矛盾的夫妻，夫妻关系状态也会直接影响到一个家庭的相处模式。根据《民法典》第 1091 条，因与他人重婚或者与他人同居导致离婚的，没有过错的一方有权请求损害赔偿。婚姻关系的成立意味着双方共同生活，由此产生经济方面的紧密联系，还意味着彼此将成为精神抚慰的港湾，并在人身关系（尤其是在共同抚育子女方面）上成为一个伦理共同体。因此在处理涉及双方重要利益的问题时，双方应协商后共同决定。相互尊重也是男女平等原则的应有之意。《民法典》第 1057 条规定，夫妻双方都有参加生产、工作的自由，一方不得对另一方加以限制或干涉。除生产、工作自由外，夫妻双方还都有参加学习和社会活动的自由。这里的学习不仅包括在学校的学习，还包括职业培训以及其他各种形式的专业知识与专业技能的学习。与此同时，主动承担主要家庭劳务的配偶一方应得到另一方与其他家庭成员的尊重，由此付出的家庭劳务的价值也应得到肯定。正是认识到家庭劳务的重要价值，《民法典》第 1088 条规定，夫妻一方因抚育子女、照料老人、协助另一方工作等负担较多义务的，离婚时有权向另一方请求补偿，另一方应当给予补偿。具体办法由双方协议，协议不成的，由人民法院判决。

"敬老"是中华民族流传千年的传统美德，日常生活中也有"家有一老如有一宝"的俗语，可见敬老理念在我国早已深入人心。我国已进入老龄化社会，而居家养老仍然是我国目前主要的养老形式，家庭仍然承担重要的养老职责。因此，家庭成员应当尊重、关心、照料老年人，不仅应为其提供经济上的供养、生活上的照料，还应给予老年人精神上的慰藉。这是家庭成员中作为子女的道德义务，我国《老年人权益保障法》也对此提出明确要求，因而也是子女的法定义务。正是在家庭中，我们一边与生命道别，一边迎接新生命的诞生。

新生命的到来通常被视为上一代生命的延续，更是国家和民族的未来。因此关爱和保护未成年人不仅是婚姻家庭法伦理的必要元素，也是社会共识。在家庭成员的悉心关照下，未成年人才得以健康成长。根据《民法典》，抚养、教育以及保护未成年子女不仅是父母的权利，还是父母应尽的义务，不容推辞。但在现实生活中，夫妻一方承担养育子女的重担，而另一方缺席子女成长过程的现象并不少见。父亲或母亲一方缺席的育儿模式不可取，"一言堂"的家庭氛围也不对。子女的成长需要父母的陪伴，缺席的父爱或母爱都可能对子女造成难以弥补的伤害。曾有网友感叹："幸福的童年治愈一生，不幸的童年需要一生去治愈。"与原生家庭有关的话题也一直被广泛讨论，屡次登上微博等社交媒体实时榜首。由此可见，父母如何养育子女不仅是家庭内部问题，更是社会问题，应当引起每位家长以及社会的重视。

实际上，并不是所有的父母都能成为夫妻，也不是所有的父母都能一直是夫妻。未能成为夫妻并不影响父母身份的成立，因此，即使作为彼此之间不存在婚姻关系的父母，也应当平等享有对未成年子女抚养、教育和保护的权利。同理，抚养、教育、保护权利以及义务并不因父母之间婚姻关系的终止而消灭。即便父母离婚后，一方享有的抚养、教育、保护未成年子女的权利，另一方不得对此加以干涉、阻挠。不与未成年子女共同生活的一方也应当继续履行对未成年子女的抚养、教育、保护义务。

家庭成员由共同生活的近亲属构成，彼此分享生活中的快乐，分担生活中的忧愁。在互相帮助、互相守望间，平等、和睦、文明的婚姻家庭关系才能得以建立。

（3） 夫妻之间的扶养义务

《民法典》第 1059 条规定夫妻有相互扶养的义务。"相濡以沫、不离不弃"这一寄语不仅承载了人们对婚姻关系的美好期盼，也与我国《民法典》中夫妻之间应当互相关爱、互相帮助的主张高度吻合。

通过婚姻，原本陌生的两个人成为陪伴彼此一生的伴侣、至亲。婚姻关系的建立意味着伴侣双方就此开启漫长又亲密的共同生活。婚姻的本质以及《民法典》均要求夫妻之间互相关爱以及互相帮助。因此，夫妻之间的扶养义务也应当覆盖共同生活的方方面面，不仅包括经济上的互相供养，还包括生活上的互相扶助以及精神上的互相抚慰。另外，由于这种义务涉及婚姻本质以及公序良俗，因此夫妻双方并不能通过协议排除对方的扶养义务，夫妻一方也不能单方面表示放弃要求对方扶养自己的权利。这两种协议都因违背《民法典》第 153 条的规定而无效。扶养义务虽然内容丰富，但只有经济层面的扶养义务具有强制执行的可能性。《民法典》也明确规定，需要扶养的一方，在另一方不履行扶养义务时，有要求对方给付扶养费的权利。那么这条规定应如何理解呢？

什么情形属于"需要扶养"？《民法典》为不同主体之间的抚养、扶养以及赡养义务设置了不同标准，对于不同主体之间抚养费、扶养费以及赡养费的请求，也设置不同的行使条件。如《民法典》第 1067 条规定，父母不履行抚养义务的，未成年子女或者不能独立生活的成年子女，有要求父母给付抚养费的权利。成年子女不履行赡养义务的，缺乏劳动能力或者生活困难的父母，有要求成年子女给付赡养费的权利。父母只有在缺乏劳动能力或者生活困难时，才有要求成年子女给付赡养费的权利。可见，相较于父母的赡养请求，未成年子女以及不能独立生活的成年子女的抚养请求更容易得到满足。《民法典》在规定夫妻之间的扶养费请求时，并未像规定父母对成年子女的赡养费请求那样明确设置"缺乏劳动能力"或"生活困难"条件。因此，夫妻之间扶养费的请求并不以有需求的一方缺乏劳动能力或生活困难为前提。夫妻一方完全可能具有劳动能力，但或许因为承担了照顾家庭和子女以及老人的主要责任，无法外出就业获得收入而产生扶养需求，也有可能是因为自身收入较低而产生扶养需求，或是出于其他原因产生扶养需求。扶养需求原因为何，法律在所不问。

如何判断另一方是否已经履行了扶养义务呢？扶养义务的履行通常有多种表现形式，不仅限于扶养费的给付，还可以表现为一方购买个人生活用品或家庭所需物品，以及承担较多的家庭劳务等。因此，照顾另一方生活起居，承担主要或全部家庭劳务的一方，应认定为履行了夫妻间的扶养义务。而抚养未成年子女以及不能独立生活的成年子女是夫妻双方共同的义务，因此对子女抚养义务的履行并不能等同于履行了对配偶的扶养义务。

扶养费如何确定？关于扶养费的计算，由于缺乏具体计算规则，而不同夫妻之间生活水平差距较大，因此在实践中，法院并非根据统一的标准计算，而往往依据夫妻双方的具体情况确定。在确定扶养费数额时，通常需要综合考虑扶养义务方的经济状况、扶养义务的履行状况以及需求方的具体请求，但在双方生活水平以及经济状况无法查明时，当地人均年生活消费支出或许可以作为参考，来确定最低扶养费数额。

> **关联法条**
>
> 《民法典》第 1043 条、第 1057 条、第 1059 条、第 1067 条、第 1088 条、第 1091 条；《最高人民法院关于适用〈中华人民共和国民法典〉婚姻家庭编的解释（一）》（法释〔2020〕22 号）第 7 条

2. 家庭成员、近亲属和亲属的范围
——民法中的亲属制度

中华民族有着重视亲情的传统。熟人社会中的社会交往通常经由地缘和

血缘两条主线交织而成，亲属在这个社交网络中的地位不言自明。亲属关系的成立与维系不仅在日常生活中贯穿人的一生，也在法律层面上带给人们相应的权利与义务。对如何规范法律上的亲属关系，各国有不同的制度。《宪法》第 49 条第 1 款原则性地规定"婚姻、家庭、母亲和儿童受国家的保护"，《民法典》在私法领域具体明确了亲属范围及种类，为亲属之间的权利、义务以及纠纷处理提供了法律基础。

（1）亲属有哪些？

根据《民法典》第 1045 条规定，亲属包括配偶、血亲及姻亲三类。

配偶关系的确认，以双方存在受法律认可的婚姻为依据。受法律认可的婚姻，包括在法定机构依法登记的婚姻，以及在 1994 年 2 月 1 日《婚姻登记管理条例》实施之前形成的事实婚姻。

血亲通常指彼此之间具有真实或假定血缘联系的亲属，如常见的亲生父母子女、祖父母与孙子女、兄弟姐妹等，这类亲属之间真实天然地存在血缘联系，因此又可以成为自然血亲，俗话说"骨肉血亲"，便是指这类亲属。与自然血亲相对应的是拟制血亲，也就是因收养成立的亲属关系。养父母与养子女之间本无血缘联系，但法律拟制双方之间具有血缘联系，因此养父母子女之间的权利义务关系适用法律有关亲生父母子女之间的规定。

姻亲则因血缘和婚姻为纽带形成，既包括配偶的血亲，如公婆、岳父母、小舅子、小姑子；也包括血亲的配偶，如儿媳、女婿、弟媳、姐夫、继父母；还包括配偶的血亲的配偶，如妯娌、连襟。

从上述《民法典》对于亲属的规定可以看出，亲属关系主要通过婚姻与生育以及收养得以建立。此外，《民法典》有关亲属范围的规定也比较广泛，日常生活中逢年过节经常相聚的亲戚基本上都是我们的亲属。但并不是所有的亲属均具有同等的法律地位。同现实生活中情分浓淡一样，法律中的亲属关系也有亲疏之分。在所有亲属中，《民法典》又进一步划分了近亲属以及家庭成员的范围。"我"的亲属中，只有一部分人是"我"的近亲属，而近亲属中，只有与"我"共同生活的那部分人才可以称之为"我"在法律上的家庭成员。那么近亲属与家庭成员具体指哪些人呢？这样的划分会带来怎样的影响？

（2）作为血亲、姻亲的父母子女关系

一是基于自然血缘的父母子女关系。这类父母、子女即通常所言的亲生父母、子女。子女包括婚生、非婚生两种。早期的法律，大体上采取歧视非婚生子女的态度，在社会层面上非婚生子女也遭受着各种各样的不公平待遇。现代主要发达国家在法律上已经实现了子女平权制度，甚至取消了婚生子女、非婚生子女的概念。我国《民法典》规定非婚生子女和婚生子女的法律地位一样，有着同样的权利和义务。

这里还存在一种特殊情况，即父母借助人类辅助生殖技术来孕育子女。随着生殖技术的发展，受精卵结合成胚胎的过程不再局限于人体内，而得以在体外进行。体外受精存在同质（夫精）和异质（捐精）辅助生殖的情形，前者通过人工在体外将夫妻的精卵结合成胚胎，再植回妻子体内；后者则包括第三人捐赠精子或卵子与夫妻一方的精卵体外结合成胚胎，再植回妻子体内。此外，还出现了妻子因无法怀胎分娩而由第三人代为怀胎（代孕）的情形。广受关注的上海"代孕子女监护权案"中的两个孩子就是这么出生的。不过，虽然代孕子女应受法律保护，但代孕行为在我国是非法的。在司法实践中，孕育孩子者被认为是法律上的母亲，哪怕是在由代孕引发的抚养权监护权纠纷案中，也大体上如此判定；法律上父亲的确定，则适用婚生推定原则或知情同意规则。根据相关司法解释，在夫妻关系存续期间，双方一致同意进行人工授精的，所生子女应视为婚生子女，父母和子女当然具有相互继承遗产的权利。倘若不在夫妻关系存续期间，只要双方一致同意人工授精并使女方受孕的，即便男方事后反悔，所生子女仍具有继承遗产的权利。

二是基于拟制血缘的父母子女关系。所谓拟制血缘，主要是指收养。收养作为法律行为，在本没有自然血缘的养父母与养子女之间，形成了法律上的父母子女关系。此时，养子女与生父母的权利义务关系随即消灭，双方不再具有父母子女关系，也当然不享受相互继承的权利。若被收养人成年后对生父母尽道德上的扶养义务，则可因属于"继承人以外对被继承人扶养较多的人"而分得生父母的适当遗产。

三是基于抚养教育（或扶养）事实的继父母子女关系。继父母子女之间本质上属于姻亲。根据《民法典》第1072条等的规定，若继父母对未成年的继子女尽到抚养教育义务，则该继子女成年后对继父母有赡养义务，双方有权相互继承遗产。这类继父母子女关系的权利义务内容，和生父母子女关系、养父母子女关系是一样的。不过，与收养有所不同，继子女与生父母的关系并不消灭，因此其不但可以继承继父母的遗产，也有权继承生父母的遗产。此外，《民法典》在继承编的第1127条还规定了"有扶养关系的"继父母子女关系，主要是指这样的情形：若"继父母"因故未能与未成年的"继子女"形成抚养教育关系，或者该"继子女"在生父或生母再婚时已成年，则二者就不属于法律上的父母、子女。若该"继子女"成年后对"继父母"尽道德上的扶养义务，或者"继父母"对此前不受其抚养教育的成年"继子女"尽道德上的抚养义务，则二者在继承法上可以互有继承权。因此，《民法典》继承编所界定之父母的范畴要比婚姻家庭编的规定更为宽泛，之所以对此作出特殊规定，认可该种情形下的继父母、继子女之间的第一顺位继承人的地位，主要是因为有扶养关系的继父母和继子女的行为值得称道，留下一定遗产给被扶养人，或将一定的遗产留给扶养人，与其生前意愿是基本相符的。此种制度弘扬了传统美德。对于"抚养教育关系"或"扶养关系"的形成，往往通过抚养教育（或扶养）费用的提供、共同居住、照顾帮助等事实进行判断。

（3）曾祖父是近亲属吗？

随着人类寿命的延长，四世同堂乃至五世同堂已不是什么稀奇的事情。但值得注意的是，曾祖父母并不属于《民法典》规定的近亲属。《民法典》对近亲属范围作出了较为明确划分，一个人的近亲属仅包括他的配偶、父母、子女、兄弟姐妹、祖父母、外祖父母、孙子女、外孙子女。乍一看，法律如此规定似乎不近人情，但实际上法律如此规定有利于简化亲属关系，凝聚核心家庭。而且，曾祖父母虽然并不是"我"的近亲属，但却是父母、祖父母的近亲属。关于近亲属之间才产生的权利与义务也同样适用于曾祖父母和他们的近亲属之间。"我"虽然不是曾祖父母的近亲属，但"我们"之间仍然可以通过父母、祖父母以及外祖父母建立联系。在法律允许的范围内，"我们"甚至可以通过意思自治在曾祖父母与自己之间，人为地建立某种权利义务关系。

互为彼此的近亲属，不仅意味着可以享有特定的权利，还意味着应承担特定的义务。比如，成年人在陷入无民事行为能力或限制民事行为能力状态时，他的监护人通常由有监护能力的近亲属按照一定顺序担任。当死者的姓名、肖像、名誉、荣誉、遗体等受到侵害时，仅有死者的近亲属有权依法请求行为人承担民事责任。在医疗活动中，相关医疗情况不能或者不宜向患者说明时，医疗卫生人员应及时向患者的近亲属说明，并取得其同意。除此之外，《民法典》对近亲属范围的划分也将影响行政案件或者刑事案件的处理。如《刑法》第388条规定的利用影响力受贿罪犯罪主体就是国家工作人员的近亲属或者其他与该国家工作人员关系密切的人，而涉案人员是否属于国家工作人员的近亲属则可以根据《民法典》相关规定进行确定。由此可见，《民法典》对近亲属范围的划定不但将对人们生活中的民事法律关系产生影响，也可用于刑事案件的认定。

（4）姑姑算不算家庭成员？

在近亲属中，以是否共同生活为标准，部分近亲属可为家庭成员。因此，与我们共同生活的配偶、父母、子女、兄弟姐妹、祖父母、外祖父母、孙子女、外孙子女都是我们的家庭成员。虽然在现实生活中，姑姑、叔叔、姨娘等亲属与我们共同生活的情形也比较常见，但由于他们并不属于我们的近亲属，因此即便他们与我们共同生活，他们也并不能成为我们的家庭成员。相比于法律规定的亲属和近亲属，家庭成员之间的联系更为紧密。互为家庭成员不仅意味着彼此之间将享有上述近亲属之间才有的权利和承担相应的义务，还意味着他们也将受到《反家庭暴力法》的规制。

家暴不仅是值得关注的社会问题，还是严肃的法律问题。《反家庭暴力法》第 2 条明确规定，家庭成员之间以殴打、捆绑、残害、限制人身自由以及经常性谩骂、恐吓等方式实施的身体、精神等侵害行为属于家庭暴力。因此家暴不仅只在配偶、亲子之间产生，共同生活的近亲属之间的暴力行为都有可能构成家暴，都将受到《反家庭暴力法》的制约。此外值得注意的是，不仅肢体上的暴力属于家暴，语言暴力、冷暴力以及经济暴力也逐渐成为现实中经常发生的现象，但往往因为其不同于传统的肢体暴力，能给人带来身体物理方面的损害，因此长期以来并未引起人们重视。然而，与肢体暴力相比，语言暴力、冷暴力以及经济暴力给受害方带来的伤害并不会更轻。

关联法条 《民法典》第 1045 条、第 1071—1072 条、第 1127 条

3. 即便不能相敬如宾，也应得到特殊保护
——夫妻地位平等原则

夫妻地位平等原则是平等原则在夫妻关系中的具体体现，它从根本上否定男尊女卑、夫权至上的婚姻家庭制度。根据《宪法》第 48 条第 1 款、《妇女权益保障法》第 2 条第 1 款，"妇女在政治的、经济的、文化的、社会的和家庭的生活等各方面享有同男子平等的权利"。《民法典》第 4 条强调"民事主体在民事活动中的法律地位一律平等"，第 1055 条则在婚姻家庭领域专门规定了"夫妻在婚姻家庭中地位平等"原则。对夫妻地位平等原则的贯彻体现在夫妻之间的人身关系、财产关系以及子女事务处理等方面。夫妻地位平等原则不仅具有宣示意义，而且具有一定的裁判价值，为处理家庭纠纷提供了法律依据。尽管男女平等原则早在 1950 年我国第一部《婚姻法》制定时就被确立，但现实生活中，部分家庭中仍存在妇女受到不平等对待的现象。

例如近期一则新闻事件：一女子参加完奶奶的葬礼后，花了80元打车回家，却被婆家人罚跪、罚跑。这说明，即便是在21世纪，此条款仍然具有重要的现实意义。

（1）夫妻地位平等的体现

由男女平等原则引申出的夫妻平等理念贯穿于夫妻关系的成立、维持以及解除。首先，夫妻双方在形成婚姻关系时的地位是平等的。男女双方都有结婚的自由和不结婚的自由。一方不得胁迫对方与自己结婚，也不得隐瞒重大疾病从而使得对方在不知情的状况下与自己结婚，否则受胁迫或欺瞒一方可请求法院撤销婚姻。同理，双方在离婚时也是平等的。不论是丈夫还是妻子，都享有离婚自由以及主张分割共同财产的权利。

其次，夫妻地位平等原则还要求在婚姻关系存续期间，夫妻双方应互相尊重，一方不得干涉、限制另一方的行为自由，也不得贬低另一方的人格。地位平等与人格独立密切相关，而任何自然人都拥有独立的人格，即便是婚姻中产生紧密联系的夫妻也不例外。婚姻并不会产生人格被吸收的效果，结婚后双方的人格仍然是平等的。一个人可能会通过结婚成为别人的妻子或者丈夫，但他（她）更是他（她）自己。在涉及家庭事务处理时，夫妻平等理念便体现为夫妻对家庭事务有平等的处理权。这一方面意味着在处理重大的家庭事务时，双方应协商作出决定，而不是由一方独断专行，如决定居所、买卖房屋以及汽车等大宗商品；另一方面又意味着，在处理日常的家庭事务时，夫妻中的任何一方都有权自己拿主意、作决定，如家庭成员治疗疾病所需的医疗费用等。

最后，夫妻双方平等行使和承担对未成年子女的抚养、教育和保护的权利以及义务。在教育孩子的问题上，父母通常有各自的想法与期待，一方不得干涉以及侵扰另一方教育子女的自由。事实上，即便离婚后，父母与子女之间的关系并不会因为离婚而被改变，父母仍拥有平等抚养、教育和保护子女的地位。在子女只能跟随父母中的一方继续生活时，另一方仍享有抚养、教育和保护子女的权利，与子女共同生活的一方并不能获得优于另一方的法律地位，也不得干扰、阻挠另一方行使抚养、教育和保护子女的权利。

（2）对妇女的特殊保护是否有违夫妻平等原则

在婚姻家庭中地位平等，并不意味着妻子不得享有法律的特殊保护，特别是保护妇女、老人、儿童等弱势群体是我国自1950年《婚姻法》制定以来就坚守的立场。我国《民法典》不仅明确规定了特别保护妇女的原则，也在相关制度的具体设计中体现了对婚姻家庭中女性的特殊保护。例如，女方在怀孕期间、分娩后一年内或终止妊娠后六个月内，男方不得提出离婚。考虑到前述放弃工作投身家庭的妇女将在离婚后一段时间内承担较重的经济压力，《民法典》又规定，夫妻离婚时，由双方协议处理共同财产；协议不成的，由人民法院根据财产的具体情况，以照顾子女、女方和无过错方权益的原则判决。

地位平等也不意味着夫妻双方权利义务的绝对平均。夫妻双方可以通过协商的方式来确定具体权利的行使，以及具体义务的承担。如在家务分工中，夫妻双方可以协商决定某一方承担较多的家务；在子女的教育问题上，夫妻双方也可协商确定各自负责擅长的部分；在赡养老人的问题上，夫妻双方也可就对方父母的照料事宜达成一致意见，从而自由分配精力与时间。

（3）随夫姓或随妻姓是否可行

在相当长一段时期内，女子出嫁从夫，从此依附于丈夫以及他的家族而生活，因此姓氏也改为夫姓。这种情况不仅会在女性身上发生，在男子做上门女婿的入赘情形中，丈夫也需要改变原来的姓氏，改从妻姓。夫妻双方在婚前本来有各自的姓名，但在婚后一方的姓氏却强制地遭到变更，这直接反映了男女两性的社会地位，以及被改变姓氏一方将在婚姻关系中处于不平等的从属地位。但我国《民法典》明确规定夫妻在婚姻家庭中地位平等，因此打破这种随夫姓或者随妻姓的旧制度，是夫妻平等原则的应有之义，也是实现男女平等的必然要求。

自然人的姓名是区别于其他人的重要符号，是区分自我与他人从而确立自我认知的重要工具。从出生证明到墓志铭，姓名将伴随我们的一生。姓名不仅承载长辈的美好期盼，也在使用中逐渐与个体产生紧密的联系。姓名是最原始的名片。与人交往时，我们所有的信息都可以通过姓名这个载体在社会群体中被传递。外界对一个人的认识通常以姓名为起点。当一个人的姓名被提及时，人们往往就能即刻回忆起姓名主体的相关信息，他（她）的性别、年龄、性格、社会关系等。强制改变某一个人的姓名不仅会对其日常生活带来不便，抹去其借助姓名形成的社会印象，还会损害这个人的人格。姓名是自然人的人格特征之一。此外，姓名不仅是一个人的符号，一定时间的使用之后，姓名也会成为个体的一部分。对姓名的歪曲以及随意干涉，也就是对人本身的歪曲和侵犯。

《民法典》保护所有人的姓名权，婚姻中的夫妻也不例外。第 1056 条规定"夫妻双方都有各自使用自己姓名的权利"，这意味着婚姻不会对夫妻双方的姓名权产生任何影响，既不会对夫妻双方的姓氏产生影响，也不会对夫妻双方的名字产生影响。婚姻并不消解人格，也不会产生一方附属于另一方的效果，因此夫妻双方仍然享有姓名权。与普通第三人一样，夫妻一方应尊重另一方决定、使用、改变以及允许他人使用自己姓名的权利。夫妻一方不得强迫另一方修改姓名。如果夫妻一方侵害了另一方的姓名权，他（她）同样应当按照《民法典》第 995 条的规定承担相应的民事责任。

那么夫妻双方是否能在平等自愿的基础上，改变自己的姓氏，自愿"随夫姓"或"随妻姓"呢？我国《民法典》虽然确立了自然人的姓名权，但自然人的姓氏仍应以随父母姓为原则，仅在特殊情形下可以随父母之外的人姓。《民法典》第 1015 条规定，在三种情形中，自然人可以在父姓和母姓之外选取姓氏。第一种是选取其他直系长辈血亲的姓氏，第二种是因由法定扶养人以外的人扶养而选取扶养人姓氏，第三种是有不违背公序良俗的其他正当理由。随配偶姓显然不符合第一种和第二种情形。而第三种情形中的"正当理由"应当与前两种保持性质上的一致，婚姻关系显然不符合这种要求。

实际上，从各省市的户籍管理规定来看，姓氏变更的理由也主要围绕亲子关系展开。如《上海市常住户口管理规定（2018）》第 53 条只规定了三种可以变更姓氏的情形，一是佛教教职人员还俗的，可以恢复出家前使用的姓氏；二是依法被收养的，可以选择养父母姓氏；三是父母离婚、再婚的，可以选择父母另一方、继父母姓氏。随配偶姓同样也不在列举的情形中。由此可见，不论是从法律规定，还是从各地具体规定来看，夫妻都难以"随夫姓"或"随妻姓"。

婚姻关系的成立意味着自然人获得一个新的身份，但在欣喜新身份取得的同时，人们逐渐更加关注自身独立人格的维护。

> 《民法典》第 4 条、第 1015 条、第 1055—1056 条；《妇女权益保障法》第 2 条

4. 你的也是我的
——夫妻共同财产的范围

婚姻关系的成立，往往意味着夫妻就此结成经济上的共同体，除非双方通过意思自治打破这种经济上的结合。经济上共同体最直接的表现就是，在婚姻关系存续期间，一方或双方共同获得的某些财产将根据法律规定成为夫妻共同财产，由夫妻共同共有。但并非所有在婚姻关系存续期间所得的财产，均能根据《民法典》及其司法解释成为夫妻共同财产。《民法典》及其司法解释对因法律规定成为夫妻共有的财产仅做了有限的列举，未被列入上述规定的财产不会因其在婚姻关系存续期间取得，而自动变为夫妻共同财产。

根据《民法典》第 1062 条以及《最高人民法院关于适用〈中华人民共和国民法典〉婚姻家庭编的解释（一）》（法释〔2020〕22 号）第 24 条至第 27 条，下列夫妻一方或者双方共同在婚姻期间取得的财产，将根据法律规定

成为夫妻共同财产。

第一，夫妻一方在婚姻关系存续期间取得的工资、奖金、劳务报酬。这类财产通常表现为各种劳动所得，不仅限于基本工资，还包括奖金、津贴和补贴等。

第二，夫妻一方或双方共同在婚姻关系存续期间因生产、经营、投资所得的收益。生产、经营所得的收益主要指夫妻在法律允许的范围内，从事生产、经营活动取得的实物或金钱收入。如通过务农获得的农产品及通过出卖农产品获得的收入，以及与他人合伙或共同经营个体工商户取得的收入等。投资所得收益不仅包括以夫妻共同财产投资所得的收益，还包括以个人财产投资所得。如夫妻一方婚前已是某公司的股东，婚后由该投资产生的分红收益，作为婚姻关系存续期间获得的由个人财产投资产生的收益，也属于夫妻共同财产。

第三，夫妻一方或双方在关系存续期间，由知识产权产生的实际取得或者已经明确可以取得的财产性收益。知识产权因具有较强的人身依附性，而不得转让或与他人共有，但因共同创作而形成的知识产权除外。因此除非夫妻二人共同创作，否则知识产权本身并不能成为夫妻共同财产。但在婚姻关系存续期间，由知识产权产生的实际取得的财产性收益，或者已经明确可以取得的财产性收益，属于夫妻共同财产。根据这一规定，知识产权是否在婚姻关系存续期间形成，在所不问。虽然法学界对于是否应将知识产权形成的时间限制在婚后有许多讨论，但就《民法典》规定本身的理解来看，法律并未对知识产权取得的时间作出仅限婚后的限制。此外，"实际取得的财产性收益"指已经得到的报酬或费用。而"已经明确可以取得的财产性收益"指根据合同或法律规定已经确定可以获得的报酬或费用，对于这部分财产性收益，即使在婚姻关系终止之后才实际取得，也不影响其成为夫妻共同财产。

第四，夫妻一方或双方在婚姻关系存续期间继承或受赠的财产，但遗嘱或者赠与合同中确定只归一方的财产除外。也就是说，在婚姻关系存续期间，一方根据法定继承所得的财产属于夫妻共同财产。除非被继承人或赠与人在遗嘱或者赠与合同中明确表示，希望这部分财产只归一方所有，否则由此取得的财产属于夫妻共同财产。例如，若被继承人或赠与人在遗嘱或赠与合同中载明"某部分财产归某某个人所有，某某不得共享"等，则该财产属于夫妻一方个人财产。

第五，夫妻一方个人财产在婚后产生的收益，但孳息和自然增值除外。例如，一方所有的房屋在婚后因出租而取得的租金属于孳息，因市场因素而上涨的房价属于自然增值，两者都不属于法定的夫妻共同财产。

第六，其他应当归共同所有的财产，如男女双方实际取得或者应当取得的住房补贴、住房公积金、基本养老金、破产安置补偿费。并且，发放到军人名下的复员费、自主择业费等一次性费用的，以夫妻关系存续年限乘以平均值，所得数额也为夫妻共同财产。

从上述规定可以看出，《民法典》以夫妻婚后取得的财产为夫妻共同财产为原则，只有在少数特定情形下，夫妻一方在婚后取得的财产为个人财产。这充分体现了我国《民法典》对婚姻以及家庭的保护态度，并且有利于保护现实生活中承担家庭劳务而无直接收入一方的合法权益。但实际上，根据《民法典》第1065条规定，夫妻双方既可以在婚前也可以在婚后约定，对于上述法定的夫妻共同财产全部各自所有或者部分各自所有。这也就意味着，一方面，夫妻之间可以在上述财产取得之前，就达成部分各自所有或全部各自所有的约定，排除上述有关法定夫妻共同财产规定的适用，从而婚后取得的部分或全部相关财产自获得时起就成为个人财产。另一方面，即便根据上述规定，夫妻双方于婚后所得的部分财产成为夫妻共同财产，双方也可以通过约定将上述夫妻共同财产变为全部各自所有或部分各自所有。但根据《民法典》第1065条，这类约定应采用书面形式。

对于夫妻共同财产，夫妻双方有平等的处理权。具体表现为，因日常生活需要而处理夫妻共同财产的，任何一方均有权决定，由此产生的法律后果由夫妻双方共同承担。非因日常生活需要而对夫妻共同财产作重要处理决定时，夫妻双方应平等协商，取得一致意见，否则由此造成的债务将属于个人债务。但出于保护交易安全的考量，在债权人为善意并且能够证明由此造成的债务实际上用于夫妻共同生活、共同经营，或是基于夫妻双方意思表示时，该债务仍然为夫妻共同债务，由夫妻二人共同承担。也就是说，在夫妻共同财产的处理问题上，《民法典》第1060条关于日常家事代理权的行使规则也同样适用。

> **关联法条**
>
> 《民法典》第1060条、第1062条、第1065条；《最高人民法院关于适用〈中华人民共和国民法典〉婚姻家庭编的解释（一）》（法释〔2020〕22号）第24—27条

5. 我的就是我的
——夫妻一方个人财产的范围

夫妻共同财产范围及处理规则向来是法律以及群众重点关注的领域，但随着婚姻观念的转变，人们也越来越关心法律如何认定个人财产，以及个人财产是否及如何转变为共同财产，从而尽可能在离婚时全身而退，保护自己的合法权益不过分受婚姻影响而减损。因此，《民法典》第1063条就对夫妻一方的个人财产的范围以及认定方式进行了明确规定。

首先，夫妻一方的婚前财产属于个人财产。这主要是指在婚前取得所有权的财产，至于所有权人是否在婚前实际占有该财产在所不问。如妻子在婚前已经办理了不动产所有权登记手续，即便房屋款项并未结清，或当时还没有拿到房屋钥匙，也没有实际入住该房屋，但该房屋依然属于其婚前所有的财产，从而属于其个人财产。其次，一方因受到人身损害获得的赔偿或补偿属于个人财产。包括军人的伤亡保险金、伤残补助金、医药生活补助费。因人身遭受损害而获得的赔偿或补偿具有人身专属性，因此即便是在婚姻关系存续期间获得，仍属于夫妻一方的个人财产。此外，相比原《婚姻法》的规定，《民法典》的表述明显更加规范与准确。原《婚姻法》第18条规定"因

身体受到伤害"，《民法典》使用"人身"一词使保护的范围显然更加广泛，不仅包括身体完整和健康，还包括人格权益以及精神健康，回应了民众日益关注自身精神健康和人格权益保护的社会需求。因此，根据《民法典》规定，不仅身体受到伤害获得的赔偿和补偿属于个人财产，精神受损获得的赔偿和补偿也属于个人财产。

另外，遗嘱或者赠与合同中确定只归夫妻中一方的财产属于个人财产。"确定只归一方"表明，这类遗嘱或者协议中有关财产归属的表述应当足够明确、具体，从相关表述中能得出被继承人或赠与人存在只希望将财产"送给"或"留给"夫妻中一方而排除另一方的意思。这类遗嘱或赠与合同既可以正面表示只希望夫妻中特定一方取得遗产或赠与物，如"某部分财产归某人个人"；也可以通过表示排斥夫妻中另一方的表述来表达只让夫妻中一方取得财产的意思，如"某部分财产归某人，某人不得分享"。再次，一方专用的生活用品也属于夫妻一方的个人财产，如常见的衣物、化妆用品和卫生用品等。最后，《民法典》规定其他应当归一方的财产也属于个人财产，包括一方个人财产在婚后产生的孳息和自然增值。由此可见判断的关键在于该财产是否属于个人财产，以及产生的收益是否属于孳息或自然增值。孳息包括自然孳息和法定孳息，前者如果树结下的果子、宠物生下的幼崽；后者如房屋出租后获得的租金。因此，如果妻子在婚前取得房屋所有权，在没有特别约定的前提下，这套房屋属于妻子的个人财产。由这套房屋出租而产生的租金，以及因市场因素造成的房价增长部分，都是妻子一方的个人财产，并不因为在婚姻关系存续期间取得而属于夫妻共同财产。

个人财产如何变为夫妻共同财产？在现实生活中，婚前个人财产是否会因婚姻关系的建立而自动成为夫妻共同财产，一直是人们关注的话题。关于这一点，《最高人民法院关于适用〈中华人民共和国民法典〉婚姻家庭编的解释（一）》（法释〔2020〕22号）第31条明确规定，《民法典》第1063条规定为夫妻一方的个人财产，不因婚姻关系的延续而转化为夫妻共同财产。此外，即便没有这一条明确规定，对比《民法典》关于个人财产以及共同财产范围的规定，也可以得出同样的结论。

个人财产固然不会由于婚姻关系的成立自动变为夫妻共同财产，但与对待法定夫妻共同财产一样，夫妻双方可以根据意思自治原则，约定全部或部分个人财产为夫妻共同所有。约定一经生效便对夫妻双方发生效力，任何一方都不能任意推翻该约定。《最高人民法院关于适用〈中华人民共和国民法典〉婚姻家庭编的解释（一）》（法释〔2020〕22号）第31条也印证了这一点。这类约定既可以在夫妻一方获得个人财产前达成，也可以在个人财产取得后达成。如前文所述，妻子在婚前取得房屋属于其个人所有，但她可以在婚后与丈夫约定，该房屋归夫妻共同所有。

> **关联法条**
>
> 《民法典》第1063条；《最高人民法院关于适用〈中华人民共和国民法典〉婚姻家庭编的解释（一）》（法释〔2020〕22号）第31条

6. 离婚后的"飞来横债"
——夫妻共同债务认定

受市场经济发展态势影响，近年来民间借贷案件频发，诸如丈夫私自贷款购置各类物品、离婚后妻子却突遭从天而降的巨额债务的新闻报道频频出现。这主要是由原《最高人民法院关于适用〈中华人民共和国婚姻法〉若干问题的解释（二）》第24条（现已失效）确立的"婚内标准"所致。根据这一标准，婚姻关系存续期间所生债务原则上均为夫妻共同债务，除非配偶一方可举证证明债权人和债务人明确约定个人债务，或债权人知晓夫妻双方约定婚内财产归各自所有。然而，非举债一方的配偶对于债务的存在往往一无所知，要求其推翻"共同债务"的法律推定显然脱离了生活实际。这导致在司法实践中夫妻一方对外超出日常生活需要借款，另一方于不知情之情况下"被负债"，在离婚后尚需背负原本不属于其债务范围的沉重债务。如何明确夫妻共同债务的范围事关夫妻双方，特别是未举债一方和债权人的合法权益保护，事关家庭和谐和交易秩序稳定，在《民法典》编纂过程中为各方广为关注。

根据《民法典》第 1064 条的规定，以下三种情形应当被认为属于夫妻共同债务：

（1）基于共同意思表示所负的夫妻共同债务

"共债共签"原则是夫妻共同债务的判断标准之一，主要包括夫妻双方共同签字确认以及夫妻一方采用事后追认等共同意思表示所负债务两种情形。所谓共同签字应指双方共同承担连带清偿责任的签字。"事后追认"的方式可以是微信、电话、邮件等，而通过单纯的沉默或默示方式认定存在夫妻共同举债的合意，具有一定风险，尚需谨慎。如此制度安排，其意在为避免事后产生纷争，而在事前引导债权人于债务形成时加强风险防范。当然，依据《最高人民法院关于适用〈中华人民共和国民法典〉婚姻家庭编的解释（一）》（法释〔2020〕22 号）第 36 条规定，即使夫或者妻一方死亡的，生存一方也应对夫妻共同债务承担清偿责任。

（2）为家庭日常生活需要所负的债务为夫妻共同债务

夫妻一方为家庭日常生活需要所负债务，即使个人名义，仍然属于夫妻共同债务。此类债务的法理基础在于夫妻互有日常家事代理权，对于共同财产有平等的处理权。那么如何确定"家庭日常生活需要"的范围呢？由于不同夫妻家庭之间经济、社会地位等存在较大差异，因此必须结合夫妻家庭实际收入水平、生活习惯、家庭成员人数、交易双方的关系等因素加以确定"家庭日常生活需要"的标准。原则上应以满足生活需求并以家庭的共同生活为目的，参考国家统计局关于我国城镇居民家庭消费的八大种类和当地一般社会生活习惯予以认定，以"必要"作为核心判断准则，一般包括正常的衣食消费、日用品购买、子女抚养教育、老人赡养等。

（3）"夫妻共同生活"与"夫妻共同生产经营"的认定

根据法律规定，夫妻一方在婚姻关系存续期间以个人名义超出家庭日常生活需要所负的债务，不属于夫妻共同债务；但是，债权人能够证明该债务用于夫妻共同生活、共同生产经营或者基于夫妻双方共同意思表示的除外。首先，如何判定"夫妻共同生活""夫妻共同生产经营"呢？"夫妻共同生活"包括但不限于家庭生活，就超出家庭日常生活需要的部分，债权人需要举证证明。司法实践中，为"日常家庭生活需要"所负债务一般为小额债务，而用于"夫妻共同生活"的债务一般数额较大。"共同生产经营"一般是指夫妻双方共同参与生产经营活动的决策及实施，至于夫妻以何种身份参与则在所不问。例如男方承包工程，女方做了一段时间的仓库保管员，一般可以认为属于"共同生产经营"。颇有争议的是，只有夫妻一方参与的生产经营活动所形成的债务性质应如何认定。根据北京市高级人民法院在一起案例中的法官意见，应当结合夫妻另外一方是否知情、夫妻双方是否从中获益等因素综合考量，或需对"共同生产经营"进行广义解释。此外，夫妻一方在生产经营活动中对外担保所形成的债务原则上属于个人债务，但还需考量夫妻一方是否从对外担保中获取经济利益。综合而言，判定的实质内核应为家庭共同利益，而不应僵硬遵循特定债务原则。

其次，不同于原《最高人民法院关于适用〈中华人民共和国婚姻法〉若干问题的解释（二）》第24条的规定，《民法典》婚姻家庭编对于"共债共签"和"家庭日常生活需要"以外的债务，原则上推定为夫妻一方的个人债务，若债权人欲推翻这一法律推定，则需证明"该债务用于夫妻共同生活、共同生产经营或基于夫妻双方共同意思表示"。

最后，需注意的是，根据《最高人民法院关于适用〈中华人民共和国民法典〉婚姻家庭编的解释（一）》（法释〔2020〕22号）第33条规定，夫妻一方婚前所负债务，原则上属于个人债务，债权人无权向债务人的配偶主张权利。例外地，债权人若能证明债务人婚前所负的债务用于婚后家庭共同生活的，则可要求债务人的配偶进行偿还。

近年来，非婚同居正严重冲击着我国现有婚姻制度、对婚姻制度中的人身关系和财产关系产生巨大影响，因此有必要加强对非婚同居关系的法律调整。根据有关司法解释的规定，解除非婚同居关系时，同居期间为共同生产、生活而形成的债权、债务，可按共同债权、债务处理。

> **关联法条** 《民法典》第 1064 条；《最高人民法院关于适用〈中华人民共和国民法典〉婚姻家庭编的解释（一）》（法释〔2020〕22 号）第 33—37 条

7. 婚内可否分割夫妻共同财产
——婚内析产制度

现行法定夫妻共同财产制基本符合我国现行文化传统和当前绝大多数人的需求，有利于维护夫妻关系中处于经济弱势地位一方的权益，实现实质的夫妻地位平等。然而，现实生活中，夫妻一方通过各种方式侵害另一方的合法共同财产权益之情况时有发生，许多当事人由于种种原因不愿选择离婚，而只诉求法院解决相应财产问题。此时应否允许夫妻分割共同财产，关系多方利益衡量，颇值思虑。《民法典》最终采纳了肯定意见，即法律应提供配偶一方在婚姻关系存续期间保护财产权利的救济路径，在第 1066 条规定了婚内析产制度。

（1）谁能请求分割夫妻共同财产？可分割财产的范围？

请求分割共同财产的主体主要为夫妻一方，但是根据司法解释的规定，当夫妻一方（债务人）的个人财产不足以清偿债务时，债权人也可以代位要求分割夫妻共同财产。

配偶一方可请求分割的财产范围为夫妻共同财产，这不同于家庭共同财产。家庭共同财产归属于全体家庭成员，不以婚姻关系存续为基础。夫妻共同财产原则上应依《民法典》第 1062 条之规则予以认定，但夫妻双方对此有特殊约定的，依约定。在无约定财产协议时，才应适用法定共同财产制。

需要注意的是，涉案标的物涉及一方婚前个人财产或其他非共同财产时，则应排除不属于夫妻共同财产的部分。此外，是可以针对部分共同财产还是必须对全部共同财产进行分割呢？实践中所产生的纠纷多为就某项特定财产或部分共同财产的分割请求权，如果认为仅针对全部共同财产进行分割有可能与当事人的内心真意相违背，因此应当围绕当事人的诉求来进行分割，而不限于分割全部共同财产的情形。

（2）何种情况下能请求分割婚内共同财产？

根据《民法典》第1062条规定，夫妻共同财产归夫妻共同共有。在个别财产意义上，原则上应适用或参照适用物权编的共同共有规范。在共同共有关系中，共有人关系比较紧密，且夫妻共同财产作为维护家庭稳定的经济基础以及物质保障，原则上不允许在婚姻关系存续期间进行分割。仅在例外地，共同共有人在共有的基础丧失或有重大理由时，可以请求分割。在婚姻领域内，共有的基础丧失通常是指婚姻关系终止。但是，《民法典》第1066条特别规定了婚内分割共同财产制度。离婚以及夫妻一方死亡情形下的夫妻共同财产分割有别于这里所说的制度。本制度是建立在维持夫妻身份关系基础上的婚内共同财产分割制度。此外，本制度也不同于婚姻关系存续期间夫妻约定分割财产的情形，而是在共有人对共有物分割未作约定时，诉请法院予以分割。

本制度实则重点阐释了上述"重大理由"在夫妻共同财产制度下的两种情形：一是一方有隐藏、转移、变卖、毁损、挥霍夫妻共同财产或者伪造夫妻共同债务等严重损害夫妻共同财产利益的行为；二是一方负有法定扶养义务的人患重大疾病需要医治，另一方不同意支付相关医疗费用。第一种情形乃为保护夫妻一方免受另一方的不当损害，另一方实施了远超日常家事代理权范畴的行为，具有严重性。例如，在生活中有男子送情人8套房并为私生女花费数百万医药费，而每月留给妻子5000元。得知真相后的妻子愤而起诉，希望法院依法分割丈夫购买的那4套房及其名下一张银行卡内的400多万存款。男子表示家里财产不止这些，如果要分割财产，就等离婚之后一并算清。然而依据本条之规定，男子的种种行为已严重损害夫妻共同财产利益，系分割共有财产的"重大理由"，故最终法院本着照顾女方及无过错方的原则酌情按照 6 : 4 比例在夫妻之间分割涉案的 4 套房产和 400 多万元存款。第二种情况下，"法定扶养义务"强调为法律明确规定的扶养义务，包括夫妻一方对父母、（外）祖父母的赡养，对兄弟姐妹的扶养，对子女、（外）孙子女的抚养。配偶是否包含于具"法定扶养义务的人"，司法实践中存有争议。"重大疾病"之标准，或可参照医学、保险领域的标准，由法官根据具体情形自由裁量。此外，有关医疗费数额的认定，应当以治疗疾病所必需为限度。根据《最高人民法院关于适用〈中华人民共和国民法典〉婚姻家庭编的解释（一）》（法释〔2020〕22 号）第 38 条规定，除这两种情形以外，夫妻一方请求婚内分割共同财产的，人民法院不予支持。

（3）应当按照何种标准及原则分割？

婚姻存续期间当事人原则上可以协议分割夫妻共同财产，若未能达成约定或约定不明确，则应通过诉讼的方式请求人民法院予以分割。根据最高人民法院的意见，婚内财产分割可参照离婚财产分割的原则（包括照顾子女、女方和无过错方权益的原则），同时还需结合夫妻婚内财产分割的独特特点。例如，夫妻一方具有过错时，是否会影响财产分割的份额？多数裁判认为，若配偶一方不存在严重侵害夫妻共同财产权益的行为，对于婚内财产分割宜采均分规则。

我国通说认为，法院的共有物分割判决为形成判决，旨在消灭共有关系。因此，自人民法院的法律文书生效起，物权即已发生变更、转让或消灭。此时婚姻关系仍然存续，而且财产分割的效力也不涉及夫妻财产制的变更，以往的夫妻财产制将继续适用。

> **关联法条** 《民法典》第 1062 条、第 1066 条；《最高人民法院关于适用〈中华人民共和国民法典〉婚姻家庭编的解释（一）》（法释〔2020〕22 号）第 38 条

8. 关爱"黄昏恋"
——子女应尊重父母的婚姻自主权

我国正在进入老龄化社会,丧偶老人、离异老人日益成为一个不容忽视的群体。据统计,80% 的丧偶老人有再婚的愿望,但由于传统观念的约束以及财产分割过程的重重矛盾,儿女往往极力反对父母再找个"老伴儿",更有甚者通过威胁、暴力等方式阻止父母再婚。由是观之,老年人再婚问题愈加成为一个重要的社会问题,在法律层面必须予以足够的重视。子女们能否打着"关心"的旗号来干涉父母的婚姻?答案是不能!我国《民法典》第 1069 条规定,子女应当尊重父母的婚姻权利,不得干涉父母离婚、再婚以及婚后的生活。老年人的婚姻自由亦为婚姻自由的应有之义,保障老年人的婚姻自由是维护家庭关系和谐的必然要求。

(1)子女应尊重父母的婚姻自主权

所谓婚姻自主权,强调的是依自我意志决定婚姻关系的存否,不受他人干涉。婚姻自主与婚姻自由在法律性质上虽有所区别(前者为基本原则,后者为具体人格权),但二者的实质精神内涵一致,公民之所以具有婚姻自主权,其宗旨即为实现意思自治原则。这体现在以下两个方面:一方面,子女应尊重父母的婚姻权利,尊重父母离婚和再婚的自主权利;另一方面,婚姻自主权也要求子女负有不得以任何理由干涉、妨碍父母再婚及婚后的生活之义务。父母是否、何时、与谁再婚应由其自主决定。再婚后,子女也不得随意干涉父母依法处分个人财产等自主行为。子女以此后不再赡养父母或断绝父母子女关系为要挟,干涉老人再婚,一般不认为构成干涉父母再婚自主权。但在特殊情况下,子女的行为若符合一般侵权行为的要件,则或有可能构成《民法典》第 995 条所规定的人格侵权,受害的老人有权要求子女承担民事责任;造成严重精神损害的,还可依据《民法典》第 1083 条主张精神损害赔偿。

（2）子女的赡养义务不因父母离婚、再婚而改变

成年子女对父母负有赡养、扶助和保护的义务，只要父母需要赡养，子女就应履行这一法定义务，而无期限限制。父母与子女的法律关系不因父母离婚、再婚而消除，父母婚姻情况的变化当然也不代表着子女赡养义务的解除，子女不能以父母离婚或再婚为由，拒绝履行赡养义务。有赡养能力的成年子女拒不履行赡养义务的，缺乏劳动能力或生活处于困难境地的父母可请求子女所在单位、居委会、村委会等有关部门进行调解，此外还可直接诉请法院请求判付赡养费。

值得一提的是，实践中因父母婚姻自由受到侵害而提起诉讼的案件较为罕见，部分案例涉及老人再婚后，继子女因各种原因而与继父母的关系不融洽，拒付赡养费。最终症结还是在于赡养费的支付纠纷问题。

就老年人再婚自由问题，不但要打破旧有社会偏见的无形枷锁，还要防止子女对父母婚姻问题的不当干涉，还父母一片再婚自由的空间，给老人一个温馨的金色晚年。子女不但要关心父母的生活，更要尊重父母的婚姻权利，"关心"与"干涉"的界限不能乱！

关联法条　《民法典》第 1069 条

---

9. 重组家庭的和谐之道
——继父母子女、继兄弟姐妹之间的扶养

《民法典》第 1070 条规定："父母和子女有相互继承遗产的权利。"这是婚姻家庭编对父母子女之间互有继承权进行宣告的具体条文。《民法典》第 1127 条进一步明确，父母、子女互为第一顺序的法定继承人。不过，需要注意的是，继承编规定的父母子女关系，和婚姻家庭编规定的父母子女关系并

不一致，前者的范围大于后者。

婚姻家庭编规定的父母子女关系，包括基于血缘而形成的亲生父母子女关系、基于收养而形成的养父母子女关系以及基于"抚养教育"而形成的继父母子女关系。婚姻家庭编的第1072条第2款规定："继父或者继母和受其抚养教育的继子女间的权利义务关系，适用本法关于父母子女关系的规定。"此处的继父母子女关系，仅限基于继父母对未成年继子女的"抚养教育"事实而产生的亲子关系。也就是说，在生父或生母再婚时已经成年的"子女"，以及虽未成年但不受"继母"或"继父"抚养教育的"子女"，与"继母"或"继父"不能形成法律意义（即具有权利、义务内容）的父母子女关系。双方之间仅属于姻亲，是社会意义的父母子女关系，在法律上本没有相互"扶养"的义务和继承的权利。

而继承编规定的父母子女关系，除了包括基于血缘而形成的亲生父母子女关系、基于收养而形成的养父母子女关系（这和婚姻家庭编一致）外，还包括基于"扶养"而形成的继父母子女关系。"扶养"，在意义范围上还包括"抚养教育"和"赡养"。根据《民法典》第1127条规定，继承编中的子女包括"有扶养关系的继子女"，父母包括"有扶养关系的继父母"，兄弟姐妹包括"有扶养关系的继兄弟姐妹"。因此，即便"继父母"没有对未成年"继子女"进行"抚养教育"（即双方没有形成法律意义上的继父母子女关系），但只要该"继子女"在成年后对"继父母"进行赡养，或者"继父母"对因失去行为能力、罹患重病等陷于生活困顿的成年"继子女"进行"扶养"，双方之间就互有继承权。"有扶养关系的继兄弟姐妹"也互有继承权，道理也是如此。

法律之所以如此规定，是出于弘扬中华传统美德、树立优良家风、重视家庭文明建设的考虑。《民法典》有关扶养人和被扶养人互有继承权的条款，有助于引导人们树立敬老爱幼、互相帮助的观念，维护平等、和睦、文明的家庭关系，在社会上进一步弘扬家庭美德。

《民法典》第1070条、第1072条、第1127条

10. "亲生"与否的法律证明
——亲子关系异议之诉

　　父母子女关系是社会家庭关系的核心内容，关系到人类延续和文明传承。通常来说，母亲的身份可以通过分娩的事实和出生证明的登记予以确定，但生父身份却无法通过同样方式进行确认，因此确定生父身份较之生母身份更为复杂，实践当中主要解决的是非婚生子女与生父身份的关系确认问题。如果是在夫妻关系存续期间，则主要是法律上父亲与子女关系的否认。根据婚生推定规则，生母在法律上的丈夫为子女的父亲，但这种规则属于推定，因此可以通过亲子关系的否认之诉予以反驳。那么，谁能提起亲子关系确认或否认的诉讼？又要符合何种条件才能提起此类诉讼呢？

（1）提起亲子关系确认或否认之诉的主体

　　与以往规定不同，《民法典》第1073条就提起亲子关系确认或否认之诉的诉讼主体进行了重大修改。一是将亲子关系确认之诉的主体由原来的"当事人一方"修改为"父或母"，并增加了"成年子女"这一诉讼主体。这一新增规定使得孩子在长大后能确认自己的出身，保障了其对真实血脉关系的知悉权等。二是在亲子关系否认之诉中，过去只有夫妻中的一方可以申请，而非婚生子女的父母请求否认亲子关系没有相应的法律依据。现今则不再囿于原来的"夫妻一方"，而是修改为"父或者母"，这也意味着夫妻在离婚之后仍然能提起婚生子女否认之诉。

　　较有疑问的是，此处的"父或者母"究竟指法律意义上的父母还是潜在的、生物学意义上的父母，抑或二者兼而有之？根据本条的文义，无论是法律上的父或母，还是生物学上的父或母，只要认为现存的亲子关系存在错误，并有正当理由，均可提请法院确认或否认亲子关系。不过，确认亲子关系之诉通常以亲子关系的否定或婚生推定的否认为前提，如果法律上的父亲未否认自己和孩子之间的亲子关系，则生物学意义上的父亲提出的亲子关系确认请求可能无法得到支持。

在一个案件中，陈某某发现自己意外怀孕，为逃避当时的计划生育政策，遂与丈夫邵某某辗转外地七八个月，临近生产时才返家。1998 年 9 月，孩子出生后不久，崔某某找到邵某某，称希望把孩子抱回去"押子"，等自己一怀孕就把小孩还给他们。邵某某让其将孩子抱走，但之后不久，与崔某某再也联系不上了。邵某某夫妇经多方寻找，十多年后才找到崔某某和孩子。此前，崔某某在提供居家生育证明材料后，对孩子（现名崔小某）以儿子身份进行了户口登记。2016 年 7 月，邵某某夫妇向崔某某提出建立亲戚往来关系，遭到拒绝。邵某某夫妇遂诉至法院，请求确认崔某某夫妇与该孩子之间收养关系不成立、邵某某夫妇与崔小某之间存在亲子关系。在本案中，毫无疑问，收养关系是不成立的。但是，在双方举证的事实基础上，法院经审理后认为，崔某某与崔小某以父母子女关系共同生活多年，家庭关系稳定。邵某某要求确认与崔小某之间存在亲子关系，不属于法律规定的可以推定存在亲子关系的情形，需有必要的证据证明，但其没有提供崔小某的出生证明，其所提供的婴儿照片不能证明崔小某与其具有生父母子女的关系。邵某某在诉讼中申请与崔小某进行亲子鉴定，但崔小某已年满 18 周岁并拒绝做亲子鉴定。因此，鉴于其未能提供与崔小某之间存有亲子关系的必要证据，对其要求确认亲子关系的请求，不予支持。

当然，成年子女不能提起否认亲子关系的诉讼。此前，对成年子女可否提起否认亲子关系之诉，有不同的意见。反对意见认为，亲子关系对家庭生活影响甚重，父母抚养子女成年后，子女应当负有赡养义务。实践中，成年子女往往出于逃避履行赡养义务的目的而提起诉讼，这不利于社会主义核心价值观的践行，还可能引发道德风险。为防止出现成年子女对法律意义上的父母不承担赡养义务、违反孝敬父母等传统美德的情形，《民法典》未规定成年子女有否认亲子关系的权利。在前述案件中，崔小某不能请求否定其和崔某某夫妇之间的亲子关系。

（2）如何理解"正当理由"

此外，《民法典》在提起否认与确定亲子关系之诉的构成要件中增加了"正当理由"的判定，其意在提高亲子关系异议诉讼的门槛，防止当事人动辄猜测而提起诉讼、引发诉讼洪流，以维护夫妻关系和社会秩序的稳定，构建和谐社会。

如何认定"正当理由"，《民法典》并未给出界定的标准，因此司法实践中需要根据案件的具体情况，综合考虑多种因素予以判断。原则上，可以根据当事人提供的必要证据进行认定。例如，在亲子关系确认之诉中，当事人可以提供受胎期间生父与生母有性关系或同居的事实；在亲子关系否认之诉中，可提供相关权威机构开具的孩子与某人不存在亲子关系的鉴定证明，或者医院开具的丈夫不具备生殖能力的证明等。

在沸沸扬扬的"错抱孩子28年"案中，由于医疗机构的过错，两个家庭"错抱"了对方的孩子并"错养"了28年，直至江西一个家庭中的母亲欲"割肝救子"而不能，才最终发现了真相，自己的亲生孩子生活在河南的一个家庭。这个案件中的"错抱""错养"事实，就是作为父母确认或否认亲子关系的正当理由。当然，若其中一对父母不对自己实际抚养的孩子提起否定亲子关系的诉讼，则这个成年子女不得请求否定亲子关系的存在。

（3）亲子关系的反面推定

值得一提的是，我国推定夫妻关系存续期间出生的子女即为婚生子女。现实中当事人的诉求，往往是否认婚姻关系存续期间出生的子女与其法律意义上的父亲具有亲子关系。然而，在司法实务中经常出现一方当事人举证证明其主张，但另一方表示反对，此时则需要借助科学方式进行亲子鉴定。如果对方拒绝做亲子鉴定又无相反证据的，此时该如何处理呢？

原《最高人民法院关于适用〈中华人民共和国婚姻法〉若干问题的解释（三）》（现已失效）第2条认为，亲子鉴定攸关人身权利，不宜采用直接强制的方式进行鉴定，而是通过间接强制的方式，规定了推定规则。《最高人民法院关于适用〈中华人民共和国民法典〉婚姻家庭编的解释（一）》（法释〔2020〕22号）第39条为确保与《民法典》规范内容上的一致性、连贯性，对上述条文做了部分文字调整与补充。其中，将"推定请求确认亲子关系（不存在）一方的主张成立"修改为"认定确认（否认）亲子关系一方的主张成立"，体现了程序法上诉讼证明妨碍规则的运用：相对方未尽亲子鉴定的协助义务并且未能提供相反证据的，则应当承担诉讼上的不利后果。

也就是说，在否认之诉中，父或者母起诉请求否认亲子关系，并已提供必要证据予以证明，另一方没有相反证据又拒绝做亲子鉴定的，可以认定否认亲子关系一方的主张成立；在确认之诉中，父或者母以及成年子女起诉请求确认亲子关系，并提供必要证据予以证明，另一方没有相反证据又拒绝做亲子鉴定的，可以认定确认亲子关系一方的主张成立。

> **关联法条** 《民法典》第 1073 条；《最高人民法院关于适用〈中华人民共和国民法典〉婚姻家庭编的解释（一）》（法释〔2020〕22 号）第 39 条

11. "养亲"好比"生亲"
——收养的法律效力

收养制度作为婚姻家庭制度的一个重要组成部分，既关涉人身关系也涉及财产关系，而收养法律行为作为收养制度中最为核心的部分，在满足法律规定的相关要件后发生的一系列法律效果，这种效果发生的时间节点，即为收养关系的成立。

首先，应当先区分两个概念——收养行为的生效与收养关系的成立。按照法律行为理论，有效的法律行为会产生、变更或者消灭某种法律关系，也即有效的收养行为可以使得收养关系成立，前者为因，后者为果。我们日常所称的收养，多指收养行为，具体而言指当事人通过收养这一法律行为而产生的收养关系，其目的系在收养人与被收养人之间创设一种法律上拟制的父母子女关系，使被收养人取得与收养人亲生子女相同的身份地位。简言之，

《民法典》第1111条中的"收养关系的成立"有赖于收养行为的生效,而收养行为的效力又要受制于法律行为的效力规则和本编中收养行为效力的其他规定。那么收养关系作为一种法律关系,其中当事人如何认定?收养的效力又受到哪些特殊条件的影响?收养关系中各方当事人又将享有什么权利、承担什么义务呢?

通常来讲,一段收养中可能涉及的主体包括收养人、送养人和被收养人,三方当事人之间的法律关系因收养人与送养人(多为被收养人的父母)达成的转让收养人亲子地位的身份契约的生效而发生变化,产生相应的法律后果。作为一种身份契约,自愿原则当然地指导和影响着收养关系的效力。从当事人的角度切入,因收养关系涉及三方当事人,故而此处的自愿不仅需要收养人有真实、自愿的收养意思表示,还需要送养人同意送养的真实意愿。如果被收养人属于8周岁以上的未成年人,还必须征得被收养人的同意。生父母在收养事项中的角色是双重的,一方面是送养人,另一方面是该子女的法定代理人。但当该子女达到一定年龄,具有限制民事行为能力,就应允许其就收养事项自主表达意愿,若其不同意则收养就不能成立。之所以对收养8周岁的未成年人附加本人"同意"的要件,是考虑到这一年龄段的未成年人对涉及自己身份关系、家庭生活变动的收养事项,已经有了一定的认知能力并能够表达自己的真实意愿。这是收养应当符合最有利于被收养人利益原则的具体要求。

在满足其他效力条件后,收养行为有效,在三方当事人之间产生收养法律关系。而收养行为的目的在于将对被收养人的亲权概括转移至收养人,收养人以新父母的身份出现在被收养人的未来生活中,被收养人原来的父母则退出亲子关系,以此来实现被收养人亲子合同中的相对方的变更。相应地,收养行为的生效产生的法律关系变动——亲子关系变化——也便天然地有两个方面的作用力。具体而言,一方面是收的拟制效力,发生在收养人与被收养人之间即养父母子女关系的产生,收养关系的成立可以在养子女与养父母及其养父母近亲属之间成立拟制血亲关系;另一方面是收养的消除效力,发生在被收养人与被收养人的原父母之间,收养关系的成立使得被收养子女与其原先的父母及其近亲属之间的亲属关系消灭。两个效力作为收养关系成立效力的两个方向相辅相成、同时发生，由此避免了双重父母子女关系的出现。

收养的效力有两个，一是拟制效力，二是消除效力。

收养行为的拟制效力，是指行为人通过收养行为依法创设新的亲属关系及其权利义务关系，属于收养行为的积极效力。收养人与被收养人之间因收养行为而形成拟制血亲关系，养父母与养子女之关系等同于父母与子女之间的关系。一方面，养父母取得养子女的法定代理人与监护人地位，依法履行监护职责，与之对应，成年养子女应当对抚养照顾自己长大的养父母负赡养义务。另一方面，养子女与养父母的近亲属之间等同生子女与生父母的近亲属之间的关系，依法可发生继承等法律事实。

简言之，养子女取得与亲生子女同等身份地位。在收养关系成立后所形成的拟制血亲，在亲属权利义务的法律适用方面与自然血亲之间并无差别，有关近亲属之间的禁止结婚等规定同样适用于合法有效收养关系成立的拟制血亲之间。例如，养父母对未成年养子女或不能独立生活的养子女负有抚养、教育和保护的义务；成年养子女对养父母有赡养、扶助和保护的义务；养父母成为未成年养子女的监护人和法定代理人，承担监护人责任，当未成年人养子女对国家、集体或他人造成损害时，养父母负有赔偿经济损失的义务；养父母与养子女之间互为第一顺位的法定继承人，继承开始后可相互继承；养子女与养父母的近亲属之间发生法律规定的近亲属的权利义务关系。因而，收养关系成立后，养父母去世或丧失抚养能力的，作为养父母近亲属的祖父母、外祖父母应当在有抚养能力时，承担起对孙子女、外孙子女的抚养义务。

但问题在于，我国自古以来家族底蕴深厚，现实中的"亲戚"远远不止前述"近亲属"，那么收养关系成立后，养子女与这些近亲属之外的亲戚关系又发生何种变化呢？换句话说，收养关系的拟制效力中，拟制亲属的"半径"几何？

应该明确的是，近亲属关系包含在亲属关系之中，亲属关系的内涵大于近亲属关系。根据《民法典》第1045条之规定，我国民法体系下的亲属包括配偶、血亲和姻亲，分别是指基于婚姻、血缘和法律拟制形成的，除近亲属以外的其他亲属之间在我国民法体系下也存在着某种特定的权利义务关系，如《民法典》第 1048 条规定直系血亲或者三代以内的旁系血亲禁止结婚。那么收养关系成立之后，被收养人与收养人的近亲属之外的其他亲属之间是否属于禁婚亲制度的规制对象呢？

对此，《民法典》中虽未明确规定，但从制度体系和目的中或可窥得一二。我国的收养制度类型实际上属于完全收养。不同于保留养子女与生父母部分权利义务关系的不完全收养，完全收养彻底解除了养子女与生父母的亲子关系，其目的之一即在于让被收养人尽可能完全融入到收养家庭，因而纵使《民法典》中未对养子女与养父母近亲属之外的其他亲属之间是否具有亲属关系作出规定，但从法律拟制的目的出发应当理解为"法律没有作出例外规定的，应当认为养子女享有与亲生子女同等身份地位，承认养子女与养父母其他亲属之间的亲属关系"。况且纵观《民法典》婚姻家庭编，亲属关系多指近亲属之间的权利义务关系。实践中较常见的养子女与养父母的父母之间发生（外）祖孙（女）关系以及养子女与养父母的子女之间发生兄弟姐妹关系，此种养子女与养父母其他亲属间关系实际上并不会影响养子女权利义务的具体内容。

我国法律规定的收养制度，目的在于使被收养人完全融入收养家庭，不仅承认养子女与养父母的近亲属之间的权利义务关系，也确认养父母与被收养人所出直系晚辈血亲之间的权利义务关系。这两种关系在法律性质上均属于养亲子关系在法律上的延伸：一个向养父母方延伸、一个向养子女方延伸。若不承认后者，则被收养人与收养家庭很难谓实现了完全的融合，且《民法典》第 1111 条明确"养父母与养子女之间的权利义务关系，适用本法关于父母子女关系的规定"，对于养子女所生子女与养父母之间成立（外）祖父母关系则为法条应有之义。

收养的消除效力，是指收养关系的成立具有的依法消除原有亲属关系及其之间的权利义务的效力，又称为收养的消极效力。被收养人与生父母之间基于出生等事实而具有的父母子女关系因收养关系的成立而消除。《民法典》第 1111 条规定收养的成立会消除养子女与生父母及其近亲属间法律上的权利义务关系。也就是说，生父母不再对被送养的子女承担抚养、教育和保护义务，不再作为其监护人和法定代理人；被送养的子女成年后不对生父母有法律上的赡养义务；被送养的子女与其他原近亲属之间不具有扶养或继承的权利义务；双方之间也不互为法定继承人。

不过，养子女与其生父母（以及源自原生家庭关系的近亲属）之间的关系并非完全断绝。其一，在生物学和伦理意义上的亲缘关系，是客观存在而难以断绝的，并不会因为收养关系的成立而消除。其二，双方之间的亲子关系（以及近亲属关系）可能在收养关系解除或无效后得以恢复。其三，法律并不否定养子女在成年后对生父母在道德上的赡养义务。其四，禁止近亲结婚的规定，依然在双方之间适用。

 《民法典》第 1045 条、第 1048 条、第 1111 条

12. 收养制度的基石
——最有利于被收养人原则

收养制度作为一项社会与法律制度，有其悠久历史及发展渊源，是婚姻家庭制度中不可或缺的重要组成部分。收养制度一方面可以帮助没有子女或丧失子女的人实现其为人父母的愿望，另一方面可以从根本上改善部分未成年人的生活状况，为他们提供一个较好的成长环境。在现代社会，收养制度强调以保护未成年人最大利益为最高指导原则，故此国家监督倾向越来越明显，要最大限度地保护未成年人利益。原《收养法》（现已失效）第 2 条规定："收养应当有利于被收养的未成年人的抚养、成长，保障被收养人和收养人的合法权益，遵循平等自愿的原则，并不得违背社会公德。"当时的立法未明确收养制度的基本原则，但收养立法原则与价值取向直接影响收养制度的发展方向，一定程度上是收养制度的核心与精髓。故借此次编纂《民法典》的良好契机，我国不仅将收养制度纳入《民法典》婚姻家庭编内，使法律体

系更加合理、完善，同时也改变以及新增了许多规定，以使收养制度更符合现阶段我国国情并积极回应现实社会需求。在这一过程中，我国通过《民法典》第1044条首次明确规定了最有利于被收养人原则，这一原则贯穿相关规定的制定过程中，是指导收养制度建设的指导性原则。

建立收养制度的目的之一是有效贯彻与落实保护未成年人合法权益的原则，保护未成年人的健康成长。首先，从收养章节的具体规定内容上看，法律对被收养人的保护立场从收养关系的成立贯穿至解除。就收养关系的成立而言，收养人只有满足一定条件才能获得收养机会。如收养人在收养时应年满30周岁，无子女或者只有一名子女，有抚养、教育和保护被收养人的能力，未患有在医学上认为不应当收养子女的疾病，无不利于被收养人健康成长的违法犯罪记录。与此同时，被收养人的条件被进一步放宽，从符合相应条件的"不满14周岁的未成年人"放宽为符合相应条件的"未成年人"，有利于更广大范围的未成年人的利益得到保护。值得一提的是，收养孤儿、残疾未成年人或者儿童福利机构抚养的查找不到生父母的未成年人，可以不受收养子女数量的限制，收养人具备抚养教育被收养人的能力即可。通过放宽收养条件，使得此类未成年人群体尽快被收养，是极为必要的，也符合未成年人利益最大化的要求。其次，县级以上人民政府部门应依法对收养人的收养能力进行评估，以确保收养人能为被收养人提供较好的生活环境。另外，当被收养人是年满8周岁的未成年人时，收养行为应征得被收养人的同意。《民法典》规定，已满8周岁的未成年人是限制民事行为能力人，这意味着法律推定这个年龄阶段的未成年人对生活事实有自己的判断与意愿，并且法律尊重这种判断以及意愿。是否能为孩子提供优渥的物质条件往往并不是判断收养关系能否成立的唯一标准，未成年人是否愿意被收养，也将对收养关系能否成立产生重要影响。因此，法律尊重已满8周岁的未成年人对于收养行为的意见，只有在获得其同意时，收养手续才能继续，收养关系才能成立。最后，收养关系的解除受到诸多限制。一方面，原则上在被收养人成年以前，不得解除收养关系，除非收养人与送养人达成解除协议，以保证被送养人能回到送养家庭生活。另一方面，虽然生父母与被收养人之间的亲子关系因收养关系的成立而消除，但生父母可以监督养父母是否妥善履行了抚养义务，一旦发现养父母不履行抚养义务，有虐待、遗弃等侵害未成年养子女合法权益的行为时，生父母有权要求解除养父母与养子女之间的收养关系，以保护未成年被收养人的合法权益。

保障被收养人和收养人合法权益是另一重要原则，其重点在于收养关系成立后，应当注意对收养关系中各方权益的有效保护。只强调保护未成年的被收养人的利益，很容易导致收养关系中收养人的利益被轻视，甚至被否定。任何具体的收养关系均会涉及收养人和被收养人双方权益，因为收养关系是相对的法律关系。应当注意的是，收养人的收养行为，除具有道义上的价值外，同样也蕴含一定的感情和生活方面的正当、合理的需求；收养人在履行对被收养人的抚养、教育义务后，有权得到正常的反馈。换言之，被收养人和收养人的权利义务是统一的，收养人抚育被收养人，使之幼有所育；收养人年迈时，被收养人就应当尽赡养义务，使之老有所养。收养制度维护被收养人和收养人双方的利益，但重在保护被收养人的权利。

《民法典》第 1044 条第 2 款规定："禁止借收养名义买卖未成年人。"被收养的儿童不是商品，借收养名义买卖儿童的实质是买卖而不是收养，必须旗帜鲜明地反对并予以禁止。原《收养法》第 31 条还规定："借收养名义拐卖儿童的，依法追究刑事责任。遗弃婴儿的，由公安部门处以罚款；构成犯罪的，依法追究刑事责任。出卖亲生子女的，由公安部门没收非法所得，并处以罚款；构成犯罪的，依法追究刑事责任。"买卖儿童是严重的犯罪行为，鉴于《刑法》第 240 条对此已设立拐卖儿童罪进行详细规定，因此《民法典》中仅用一款条文进行了宣示性规定。

 《民法典》第 1044 条；《刑法》第 240 条

13. 好聚好散，一别两宽
——收养关系的终止

收养关系的成立在收养人与被收养人之间设立了拟制的父母子女关系，从收养关系成立之日起，就要遵循最有利于被收养人的原则，且该原则应当是贯穿收养始终的。但任何法律关系都不会是一成不变的，我国《民法典》除规定了收养行为的无效外，还在第1114条至第1118条明确了收养关系的解除，分为协议解除与诉讼解除，但无论是哪种解除方式都是有严格的条件和限制的。

首先，被收养人成年之前，收养人无权要求解除收养关系。收养关系成立后，收养人与被收养人之间成立了父母子女关系，收养人作为养父母，应当依法承担起抚养、教育和保护未成年子女的义务，尽心竭力地履行监护职责，尽可能为子女创造一个良好的生长环境，同时收养人在履行职责的过程中也能体会到为人父母的喜悦，如此也符合收养的初衷。被收养的未成年人或父母双亡，或被遗弃拐卖，或因生父母无力抚养而被送养，身世可怜、心灵脆弱，迫切需要一个稳定、安宁的家庭。若允许收养人在被收养人尚未成年之前，任意解除收养关系，将使未成年的被收养人的生活面临极大的不确定性，频繁更换环境不利于未成年人的成长。按照最有利于被收养人原则，在被收养人成年之前，收养人不得以任何理由、任何途径单方要求解除与被收养人之间的收养关系。

其次，被收养人成年之前，收养人和送养人可以协议解除收养关系，但须征得8周岁以上的被收养人的同意。根据最有利于被收养人原则，如果收养关系成立后，收养当事人的情况发生变化，收养人不再适宜继续养育未成年人或送养人更适合抚养、照顾未成年的被收养人，并有意愿领回被收养人，那么双方可以在自愿协商一致的基础上解除收养关系。但收养毕竟与被收养人身份关系的变化有关，当被收养人有一定行为能力时，就应当尊重其意愿。根据法律规定，8 周岁以上的未成年人为限制民事行为能力人，有一定的判断、识别和表达能力。因此，对于 8 周岁以上的被收养人，在协议解除收养关系时还应征得其同意。

再次，收养人不履行抚养义务，损害被收养人利益时，送养人有权单方要求解除收养关系。《民法典》中对收养关系的解除及解除效力的规定整体上体现出侧重保护收养关系中弱势一方的价值取向，在被收养人成年之前，侧重保护被收养人的利益，被收养人成年后，侧重保护收养人。被收养人成年之前，其未取得完全行为能力，若收养人不履行抚养义务甚至虐待、遗弃被收养人的，收养的目的已无法达成，且被收养人缺乏足够的自我救济的能力，此时若仍坚持送养人需与收养人协商达成一致才得解除收养关系，无疑陷被收养人的健康成长于不利，而送养人作为被收养人的生父母或其他曾有监护、照顾、保护义务的个人或机构，应当得以其他途径救被收养人于水火，此时被收养人可寻求司法救济，法院在受理后应当查明具体情况，若人民法院经审理查明收养人确有不履行抚养义务或遗弃、虐待被收养人的行为的，应当判决解除收养关系。但本款规定适用的前提是被收养人尚未成年，且本款的适用对象仅为送养人，不适用于收养人或者被收养人，而且该款适用有其严格的限制，即收养人不履行抚养义务或有虐待、遗弃等侵害未成年养子女合法权益的行为，若收养人不存在这些行为，则送养人是无权提起解除收养关系诉讼的。

那么何为"遗弃或虐待"呢？一般认为，长期拒不履行抚养义务的可以被认定为遗弃或者虐待行为。其中，遗弃是指负有法定抚养、扶养、赡养义务的家庭成员，拒不履行法定义务，致应受抚养、扶养、赡养的家庭成员合法权益受损的非法行为；虐待是指对家庭成员以打骂、限制人身自由、折磨、摧残等暴力或冷暴力手段，使其在身体上、精神上遭受损害的非法行为。《最高人民法院关于适用〈中华人民共和国民法典〉婚姻家庭编的解释（一）》（法释〔2020〕22 号）第 1 条规定，"持续性、经常性的家庭暴力"可以认定为虐待。当然，若养父母长期不尽抚养义务甚至有虐待、遗弃等行为，除民事责任外，还可能面临行政责任和刑事责任处罚。依据《治安管理处罚法》第 45 条规定，对于虐待家庭成员、被虐待人要求处理的，或者遗弃没有独立生活能力的被扶养人的，可以处五日以下的拘留或者警告。《刑法》第 260 条与第 261 条分别规定了虐待罪和遗弃罪。

最后，养父母子女不可单方面断绝关系。《民法典》第 1097 条规定生父母送养子女的应当共同送养，第 1101 条规定，有配偶者收养子女的应当为夫妻共同收养。为维护家庭的和睦及收养关系父母双方的亲权，建立收养关系时，收养的效力及于夫妻双方，对夫妻双方均带来权利义务，因此应当由夫妻双方共同决定。同样地，收养关系的解除也应当由送养子女的生父母或收养子女的有配偶的养父母协商决定。

如果生父母双方之间或收养人夫妻双方之间不能就收养关系的解除相关事宜达成一致，应当视为各方未达成解除收养关系的协议。但若建立收养关系时，送养人系依法单方面送养的，即使送养人在收养关系成立后再婚，因送养人的配偶与被收养人之间既无自然血亲亦无法律上的权利义务关系，故而收养关系的解除可不经过其同意，送养人单方面与收养方达成协商一致即可。同理若收养人在收养时为单方面收养，即使在收养后结婚，其配偶与被收养人之间也属继父母子女关系，收养关系的解除自无需经过其同意。

简言之，如果收养关系成立时系夫妻共同收养，那么收养关系的解除也应当是协商一致的结果，养父或养母一方不得单方面断绝有效存续的养父母子女关系。同时，根据《民法典》第 1105 条之规定，收养应当向县级以上人民政府民政部门登记，收养关系自登记之日起成立。作为创设拟制血亲的一种民事法律行为，收养需要经登记成立；同样，在收养关系解除后，作为一种民事法律行为的终止方式，在程序上也应当通过登记予以确认。根据我国《中国公民收养子女登记办法》第 9 条的规定，收养关系当事人协议解除收养关系的，应当持居民户口簿、居民身份证、收养登记证和解除收养关系的书面协议，共同到被收养人常住户口所在地的收养登记机关办理解除收养关系的登记。该办法第 10 条进一步明确了，收养登记机关对于符合收养法规定的，应当为当事人办理解除收养关系的登记，收回收养登记证，发给解除收养关系的证明。

应当注意的是，《民法典》第 1116 条的规范对象是协议解除收养关系的情形，根据第 1114 条与第 1115 条的规定，协议解除收养关系有以下几种情形：一是收养人与送养人协议解除收养关系，若被收养人 8 周岁以上的，解除收养关系还需得到被收养人本人的同意；二是收养人不履行收养义务，有虐待、遗弃被收养人等侵害未成年子女合法权益的，送养人有权要求解除收养关系，此时，送养人与收养人之间也是可以通过协商一致的方式作出解除收养关系的决定的；三是养父母与成年养子女关系恶化、无法共同生活的，养父母与成年养子女之间可以通过协议的方式解除收养关系。上述三种情形下，如果双方达成了解除收养关系的协议，下一步就是带着必要的材料到收养登记机关即民政部门办理解除收养关系的登记，民政部门在查明双方真实意思后，依法办理解除收养关系的登记，收养关系自解除登记完成时解除。

综上所述，同收养关系的成立相同，收养关系的解除也应当到民政部门办理解除收养关系的登记，且该程序要求只适用于协议解除的情形，对于诉讼解除不适用，因此诉讼解除收养关系的，生效判决已有足够的公示公信力，无需再办理解除登记。同时，收养关系的解除效力自解除收养关系登记之日起算，无溯及力。因此对于已达成协议但尚未办理解除收养关系登记的，收养关系仍有效存续，被收养人法律上的父母仍为收养人。

关联法条 《民法典》第 1097 条、第 1101 条、第 1105 条、第 1114—1118 条；《中国公民收养子女登记办法》第 9—10 条；《最高人民法院关于适用〈中华人民共和国民法典〉婚姻家庭编的解释（一）》（法释〔2020〕22号）第 1 条

附录

1. 《中华人民共和国民法典》第五编（婚姻家庭）

中华人民共和国民法典

（2020 年 5 月 28 日第十三届全国人民代表大会第三次会议通过）

第五编　婚姻家庭

第一章　一般规定

第一千零四十条　本编调整因婚姻家庭产生的民事关系。

第一千零四十一条　婚姻家庭受国家保护。

实行婚姻自由、一夫一妻、男女平等的婚姻制度。

保护妇女、未成年人、老年人、残疾人的合法权益。

第一千零四十二条　禁止包办、买卖婚姻和其他干涉婚姻自由的行为。禁止借婚姻索取财物。

禁止重婚。禁止有配偶者与他人同居。

禁止家庭暴力。禁止家庭成员间的虐待和遗弃。

第一千零四十三条　家庭应当树立优良家风，弘扬家庭美德，重视家庭文明建设。

夫妻应当互相忠实，互相尊重，互相关爱；家庭成员应当敬老爱幼，互相帮助，维护平等、和睦、文明的婚姻家庭关系。

第一千零四十四条　收养应当遵循最有利于被收养人的原则，保障被收养人和收养人的合法权益。

禁止借收养名义买卖未成年人。

第一千零四十五条　亲属包括配偶、血亲和姻亲。

配偶、父母、子女、兄弟姐妹、祖父母、外祖父母、孙子女、外孙子女为近亲属。

配偶、父母、子女和其他共同生活的近亲属为家庭成员。

第二章　结婚

第一千零四十六条　结婚应当男女双方完全自愿，禁止任何一方对另一方加以强迫，禁止任何组织或者个人加以干涉。

第一千零四十七条　结婚年龄，男不得早于二十二周岁，女不得早于二十周岁。

第一千零四十八条　直系血亲或者三代以内的旁系血亲禁止结婚。

第一千零四十九条　要求结婚的男女双方应当亲自到婚姻登记机关申请结婚登记。符合本法规定的，予以登记，发给结婚证。完成结婚登记，即确立婚姻关系。未办理结婚登记的，应当补办登记。

第一千零五十条　登记结婚后，按照男女双方约定，女方可以成为男方家庭的成员，男方可以成为女方家庭的成员。

第一千零五十一条　有下列情形之一的，婚姻无效：

（一）重婚；

（二）有禁止结婚的亲属关系；

（三）未到法定婚龄。

第一千零五十二条　因胁迫结婚的，受胁迫的一方可以向人民法院请求撤销婚姻。

请求撤销婚姻的，应当自胁迫行为终止之日起一年内提出。

被非法限制人身自由的当事人请求撤销婚姻的，应当自恢复人身自由之日起一年内提出。

第一千零五十三条　一方患有重大疾病的，应当在结婚登记前如实告知另一方；不如实告知的，另一方可以向人民法院请求撤销婚姻。

请求撤销婚姻的，应当自知道或者应当知道撤销事由之日起一年内提出。

第一千零五十四条　无效的或者被撤销的婚姻自始没有法律约束力，当事人不具有夫妻的权利和义务。同居期间所得的财产，由当事人协议处理；协议不成的，由人民法院根据照顾无过错方的原则判决。对重婚导致的无效婚姻的财产处理，不得侵害合法婚姻当事人的财产权益。当事人所生的子女，适用本法关于父母子女的规定。

婚姻无效或者被撤销的，无过错方有权请求损害赔偿。

第三章　家庭关系

第一节　夫妻关系

第一千零五十五条　夫妻在婚姻家庭中地位平等。

第一千零五十六条　夫妻双方都有各自使用自己姓名的权利。

第一千零五十七条　夫妻双方都有参加生产、工作、学习和社会活动的自由，一方不得对另一方加以限制或者干涉。

第一千零五十八条　夫妻双方平等享有对未成年子女抚养、教育和保护的权利，共同承担对未成年子女抚养、教育和保护的义务。

第一千零五十九条　夫妻有相互扶养的义务。

需要扶养的一方，在另一方不履行扶养义务时，有要求其给付扶养费的权利。

第一千零六十条　夫妻一方因家庭日常生活需要而实施的民事法律行为，对夫妻双方发生效力，但是夫妻一方与相对人另有约定的除外。

夫妻之间对一方可以实施的民事法律行为范围的限制，不得对抗善意相对人。

第一千零六十一条　夫妻有相互继承遗产的权利。

第一千零六十二条　夫妻在婚姻关系存续期间所得的下列财产，为夫妻的共同财产，归夫妻共同所有：

（一）工资、奖金、劳务报酬；

（二）生产、经营、投资的收益；

（三）知识产权的收益；

（四）继承或者受赠的财产，但是本法第一千零六十三条第三项规定的除外；

（五）其他应当归共同所有的财产。

夫妻对共同财产，有平等的处理权。

第一千零六十三条 下列财产为夫妻一方的个人财产：

（一）一方的婚前财产；

（二）一方因受到人身损害获得的赔偿或者补偿；

（三）遗嘱或者赠与合同中确定只归一方的财产；

（四）一方专用的生活用品；

（五）其他应当归一方的财产。

第一千零六十四条 夫妻双方共同签名或者夫妻一方事后追认等共同意思表示所负的债务，以及夫妻一方在婚姻关系存续期间以个人名义为家庭日常生活需要所负的债务，属于夫妻共同债务。

夫妻一方在婚姻关系存续期间以个人名义超出家庭日常生活需要所负的债务，不属于夫妻共同债务；但是，债权人能够证明该债务用于夫妻共同生活、共同生产经营或者基于夫妻双方共同意思表示的除外。

第一千零六十五条 男女双方可以约定婚姻关系存续期间所得的财产以及婚前财产归各自所有、共同所有或者部分各自所有、部分共同所有。约定应当采用书面形式。没有约定或者约定不明确的，适用本法第一千零六十二条、第一千零六十三条的规定。

夫妻对婚姻关系存续期间所得的财产以及婚前财产的约定，对双方具有法律约束力。

夫妻对婚姻关系存续期间所得的财产约定归各自所有，夫或者妻一方对外所负的债务，相对人知道该约定的，以夫或者妻一方的个人财产清偿。

第一千零六十六条 婚姻关系存续期间，有下列情形之一的，夫妻一方可以向人民法院请求分割共同财产：

（一）一方有隐藏、转移、变卖、毁损、挥霍夫妻共同财产或者伪造夫妻共同债务等严重损害夫妻共同财产利益的行为；

（二）一方负有法定扶养义务的人患重大疾病需要医治，另一方不同意支付相关医疗费用。

第二节　父母子女关系和其他近亲属关系

第一千零六十七条　父母不履行抚养义务的，未成年子女或者不能独立生活的成年子女，有要求父母给付抚养费的权利。

成年子女不履行赡养义务的，缺乏劳动能力或者生活困难的父母，有要求成年子女给付赡养费的权利。

第一千零六十八条　父母有教育、保护未成年子女的权利和义务。未成年子女造成他人损害的，父母应当依法承担民事责任。

第一千零六十九条　子女应当尊重父母的婚姻权利，不得干涉父母离婚、再婚以及婚后的生活。子女对父母的赡养义务，不因父母的婚姻关系变化而终止。

第一千零七十条　父母和子女有相互继承遗产的权利。

第一千零七十一条　非婚生子女享有与婚生子女同等的权利，任何组织或者个人不得加以危害和歧视。

不直接抚养非婚生子女的生父或者生母，应当负担未成年子女或者不能独立生活的成年子女的抚养费。

第一千零七十二条　继父母与继子女间，不得虐待或者歧视。

继父或者继母和受其抚养教育的继子女间的权利义务关系，适用本法关于父母子女关系的规定。

第一千零七十三条　对亲子关系有异议且有正当理由的，父或者母可以向人民法院提起诉讼，请求确认或者否认亲子关系。

对亲子关系有异议且有正当理由的，成年子女可以向人民法院提起诉讼，请求确认亲子关系。

第一千零七十四条　有负担能力的祖父母、外祖父母，对于父母已经死亡或者父母无力抚养的未成年孙子女、外孙子女，有抚养的义务。

有负担能力的孙子女、外孙子女，对于子女已经死亡或者子女无力赡养的祖父母、外祖父母，有赡养的义务。

第一千零七十五条　有负担能力的兄、姐，对于父母已经死亡或者父母无力抚养的未成年弟、妹，有扶养的义务。

由兄、姐扶养长大的有负担能力的弟、妹，对于缺乏劳动能力又缺乏生活来源的兄、姐，有扶养的义务。

第四章　离婚

第一千零七十六条　夫妻双方自愿离婚的，应当签订书面离婚协议，并亲自到婚姻登记机关申请离婚登记。

离婚协议应当载明双方自愿离婚的意思表示和对子女抚养、财产以及债务处理等事项协商一致的意见。

第一千零七十七条　自婚姻登记机关收到离婚登记申请之日起三十日内，任何一方不愿意离婚的，可以向婚姻登记机关撤回离婚登记申请。

前款规定期限届满后三十日内，双方应当亲自到婚姻登记机关申请发给离婚证；未申请的，视为撤回离婚登记申请。

第一千零七十八条　婚姻登记机关查明双方确实是自愿离婚，并已经对子女抚养、财产以及债务处理等事项协商一致的，予以登记，发给离婚证。

第一千零七十九条　夫妻一方要求离婚的，可以由有关组织进行调解或者直接向人民法院提起离婚诉讼。

人民法院审理离婚案件，应当进行调解；如果感情确已破裂，调解无效的，应当准予离婚。

有下列情形之一，调解无效的，应当准予离婚：

（一）重婚或者与他人同居；

（二）实施家庭暴力或者虐待、遗弃家庭成员；

（三）有赌博、吸毒等恶习屡教不改；

（四）因感情不和分居满二年；

（五）其他导致夫妻感情破裂的情形。

一方被宣告失踪，另一方提起离婚诉讼的，应当准予离婚。

经人民法院判决不准离婚后，双方又分居满一年，一方再次提起离婚诉讼的，应当准予离婚。

第一千零八十条 完成离婚登记，或者离婚判决书、调解书生效，即解除婚姻关系。

第一千零八十一条 现役军人的配偶要求离婚，应当征得军人同意，但是军人一方有重大过错的除外。

第一千零八十二条 女方在怀孕期间、分娩后一年内或者终止妊娠后六个月内，男方不得提出离婚；但是，女方提出离婚或者人民法院认为确有必要受理男方离婚请求的除外。

第一千零八十三条 离婚后，男女双方自愿恢复婚姻关系的，应当到婚姻登记机关重新进行结婚登记。

第一千零八十四条 父母与子女间的关系，不因父母离婚而消除。离婚后，子女无论由父或者母直接抚养，仍是父母双方的子女。

离婚后，父母对于子女仍有抚养、教育、保护的权利和义务。

离婚后，不满两周岁的子女，以由母亲直接抚养为原则。已满两周岁的子女，父母双方对抚养问题协议不成的，由人民法院根据双方的具体情况，按照最有利于未成年子女的原则判决。子女已满八周岁的，应当尊重其真实意愿。

第一千零八十五条 离婚后，子女由一方直接抚养的，另一方应当负担部分或者全部抚养费。负担费用的多少和期限的长短，由双方协议；协议不成的，由人民法院判决。

前款规定的协议或者判决，不妨碍子女在必要时向父母任何一方提出超过协议或者判决原定数额的合理要求。

第一千零八十六条 离婚后，不直接抚养子女的父或者母，有探望子女的权利，另一方有协助的义务。

行使探望权利的方式、时间由当事人协议；协议不成的，由人民法院判决。

父或者母探望子女，不利于子女身心健康的，由人民法院依法中止探望；中止的事由消失后，应当恢复探望。

第一千零八十七条 离婚时，夫妻的共同财产由双方协议处理；协议不成的，由人民法院根据财产的具体情况，按照照顾子女、女方和无过错方权益的原则判决。

对夫或者妻在家庭土地承包经营中享有的权益等，应当依法予以保护。

第一千零八十八条 夫妻一方因抚育子女、照料老年人、协助另一方工作等负担较多义务的，离婚时有权向另一方请求补偿，另一方应当给予补偿。具体办法由双方协议；协议不成的，由人民法院判决。

第一千零八十九条 离婚时，夫妻共同债务应当共同偿还。共同财产不足清偿或者财产归各自所有的，由双方协议清偿；协议不成的，由人民法院判决。

第一千零九十条 离婚时，如果一方生活困难，有负担能力的另一方应当给予适当帮助。具体办法由双方协议；协议不成的，由人民法院判决。

第一千零九十一条 有下列情形之一，导致离婚的，无过错方有权请求损害赔偿：

（一）重婚；

（二）与他人同居；

（三）实施家庭暴力；

（四）虐待、遗弃家庭成员；

（五）有其他重大过错。

第一千零九十二条 夫妻一方隐藏、转移、变卖、毁损、挥霍夫妻共同财产，或者伪造夫妻共同债务企图侵占另一方财产的，在离婚分割夫妻共同财产时，对该方可以少分或者不分。离婚后，另一方发现有上述行为的，可以向人民法院提起诉讼，请求再次分割夫妻共同财产。

第五章 收养

第一节 收养关系的成立

第一千零九十三条 下列未成年人，可以被收养：

（一）丧失父母的孤儿；

（二）查找不到生父母的未成年人；

（三）生父母有特殊困难无力抚养的子女。

第一千零九十四条 下列个人、组织可以作送养人：

（一）孤儿的监护人；

（二）儿童福利机构；

（三）有特殊困难无力抚养子女的生父母。

第一千零九十五条 未成年人的父母均不具备完全民事行为能力且可能严重危害该未成年人的，该未成年人的监护人可以将其送养。

第一千零九十六条 监护人送养孤儿的，应当征得有抚养义务的人同意。有抚养义务的人不同意送养、监护人不愿意继续履行监护职责的，应当依照本法第一编的规定另行确定监护人。

第一千零九十七条 生父母送养子女，应当双方共同送养。生父母一方不明或者查找不到的，可以单方送养。

第一千零九十八条 收养人应当同时具备下列条件：

（一）无子女或者只有一名子女；

（二）有抚养、教育和保护被收养人的能力；

（三）未患有在医学上认为不应当收养子女的疾病；

（四）无不利于被收养人健康成长的违法犯罪记录；

（五）年满三十周岁。

第一千零九十九条 收养三代以内旁系同辈血亲的子女，可以不受本法第一千零九十三条第三项、第一千零九十四条第三项和第一千一百零二条规定的限制。

华侨收养三代以内旁系同辈血亲的子女，还可以不受本法第一千零九十八条第一项规定的限制。

第一千一百条 无子女的收养人可以收养两名子女；有子女的收养人只能收养一名子女。

收养孤儿、残疾未成年人或者儿童福利机构抚养的查找不到生父母的未成年人，可以不受前款和本法第一千零九十八条第一项规定的限制。

第一千一百零一条 有配偶者收养子女，应当夫妻共同收养。

第一千一百零二条 无配偶者收养异性子女的，收养人与被收养人的年龄应当相差四十周岁以上。

第一千一百零三条 继父或者继母经继子女的生父母同意，可以收养继子女，并可以不受本法第一千零九十三条第三项、第一千零九十四条第三项、第一千零九十八条和第一千一百条第一款规定的限制。

第一千一百零四条 收养人收养与送养人送养，应当双方自愿。收养八周岁以上未成年人的，应当征得被收养人的同意。

第一千一百零五条 收养应当向县级以上人民政府民政部门登记。收养关系自登记之日起成立。

收养查找不到生父母的未成年人的，办理登记的民政部门应当在登记前予以公告。

收养关系当事人愿意签订收养协议的，可以签订收养协议。

收养关系当事人各方或者一方要求办理收养公证的，应当办理收养公证。

县级以上人民政府民政部门应当依法进行收养评估。

第一千一百零六条 收养关系成立后，公安机关应当按照国家有关规定为被收养人办理户口登记。

第一千一百零七条 孤儿或者生父母无力抚养的子女，可以由生父母的亲属、朋友抚养；抚养人与被抚养人的关系不适用本章规定。

第一千一百零八条 配偶一方死亡，另一方送养未成年子女的，死亡一方的父母有优先抚养的权利。

第一千一百零九条 外国人依法可以在中华人民共和国收养子女。

外国人在中华人民共和国收养子女，应当经其所在国主管机关依照该国法律审查同意。收养人应当提供由其所在国有权机构出具的有关其年龄、婚姻、职业、财产、健康、有无受过刑事处罚等状况的证明材料，并与送养人签订书面协议，亲自向省、自治区、直辖市人民政府民政部门登记。

前款规定的证明材料应当经收养人所在国外交机关或者外交机关授权的机构认证，并经中华人民共和国驻该国使领馆认证，但是国家另有规定的除外。

第一千一百一十条　收养人、送养人要求保守收养秘密的，其他人应当尊重其意愿，不得泄露。

第二节　收养的效力

第一千一百一十一条　自收养关系成立之日起，养父母与养子女间的权利义务关系，适用本法关于父母子女关系的规定；养子女与养父母的近亲属间的权利义务关系，适用本法关于子女与父母的近亲属关系的规定。

养子女与生父母以及其他近亲属间的权利义务关系，因收养关系的成立而消除。

第一千一百一十二条　养子女可以随养父或者养母的姓氏，经当事人协商一致，也可以保留原姓氏。

第一千一百一十三条　有本法第一编关于民事法律行为无效规定情形或者违反本编规定的收养行为无效。

无效的收养行为自始没有法律约束力。

第三节　收养关系的解除

第一千一百一十四条　收养人在被收养人成年以前，不得解除收养关系，但是收养人、送养人双方协议解除的除外。养子女八周岁以上的，应当征得本人同意。

收养人不履行抚养义务，有虐待、遗弃等侵害未成年养子女合法权益行为的，送养人有权要求解除养父母与养子女间的收养关系。送养人、收养人不能达成解除收养关系协议的，可以向人民法院提起诉讼。

第一千一百一十五条　养父母与成年养子女关系恶化、无法共同生活的，可以协议解除收养关系。不能达成协议的，可以向人民法院提起诉讼。

第一千一百一十六条　当事人协议解除收养关系的，应当到民政部门办理解除收养关系登记。

第一千一百一十七条 收养关系解除后，养子女与养父母以及其他近亲属间的权利义务关系即行消除，与生父母以及其他近亲属间的权利义务关系自行恢复。但是，成年养子女与生父母以及其他近亲属间的权利义务关系是否恢复，可以协商确定。

第一千一百一十八条 收养关系解除后，经养父母抚养的成年养子女，对缺乏劳动能力又缺乏生活来源的养父母，应当给付生活费。因养子女成年后虐待、遗弃养父母而解除收养关系的，养父母可以要求养子女补偿收养期间支出的抚养费。

生父母要求解除收养关系的，养父母可以要求生父母适当补偿收养期间支出的抚养费；但是，因养父母虐待、遗弃养子女而解除收养关系的除外。

2. 最高人民法院关于适用《中华人民共和国民法典》婚姻家庭编的解释（一）

（2020 年 12 月 25 日最高人民法院审判委员会第 1825 次会议通过，
自 2021 年 1 月 1 日起施行）

法释〔2020〕22 号

为正确审理婚姻家庭纠纷案件，根据《中华人民共和国民法典》《中华人民共和国民事诉讼法》等相关法律规定，结合审判实践，制定本解释。

一、一般规定

第一条 持续性、经常性的家庭暴力，可以认定为民法典第一千零四十二条、第一千零七十九条、第一千零九十一条所称的"虐待"。

第二条 民法典第一千零四十二条、第一千零七十九条、第一千零九十一条规定的"与他人同居"的情形，是指有配偶者与婚外异性，不以夫妻名义，持续、稳定地共同居住。

第三条　当事人提起诉讼仅请求解除同居关系的，人民法院不予受理；已经受理的，裁定驳回起诉。

当事人因同居期间财产分割或者子女抚养纠纷提起诉讼的，人民法院应当受理。

第四条　当事人仅以民法典第一千零四十三条为依据提起诉讼的，人民法院不予受理；已经受理的，裁定驳回起诉。

第五条　当事人请求返还按照习俗给付的彩礼的，如果查明属于以下情形，人民法院应当予以支持：

（一）双方未办理结婚登记手续；

（二）双方办理结婚登记手续但确未共同生活；

（三）婚前给付并导致给付人生活困难。

适用前款第二项、第三项的规定，应当以双方离婚为条件。

二、结婚

第六条　男女双方依据民法典第一千零四十九条规定补办结婚登记的，婚姻关系的效力从双方均符合民法典所规定的结婚的实质要件时起算。

第七条　未依据民法典第一千零四十九条规定办理结婚登记而以夫妻名义共同生活的男女，提起诉讼要求离婚的，应当区别对待：

（一）1994 年 2 月 1 日民政部《婚姻登记管理条例》公布实施以前，男女双方已经符合结婚实质要件的，按事实婚姻处理。

（二）1994 年 2 月 1 日民政部《婚姻登记管理条例》公布实施以后，男女双方符合结婚实质要件的，人民法院应当告知其补办结婚登记。未补办结婚登记的，依据本解释第三条规定处理。

第八条　未依据民法典第一千零四十九条规定办理结婚登记而以夫妻名义共同生活的男女，一方死亡，另一方以配偶身份主张享有继承权的，依据本解释第七条的原则处理。

第九条　有权依据民法典第一千零五十一条规定向人民法院就已办理结婚登记的婚姻请求确认婚姻无效的主体，包括婚姻当事人及利害关系人。其中，利害关系人包括：

（一）以重婚为由的，为当事人的近亲属及基层组织；

（二）以未到法定婚龄为由的，为未到法定婚龄者的近亲属；

（三）以有禁止结婚的亲属关系为由的，为当事人的近亲属。

第十条 当事人依据民法典第一千零五十一条规定向人民法院请求确认婚姻无效，法定的无效婚姻情形在提起诉讼时已经消失的，人民法院不予支持。

第十一条 人民法院受理请求确认婚姻无效案件后，原告申请撤诉的，不予准许。

对婚姻效力的审理不适用调解，应当依法作出判决。

涉及财产分割和子女抚养的，可以调解。调解达成协议的，另行制作调解书；未达成调解协议的，应当一并作出判决。

第十二条 人民法院受理离婚案件后，经审理确属无效婚姻的，应当将婚姻无效的情形告知当事人，并依法作出确认婚姻无效的判决。

第十三条 人民法院就同一婚姻关系分别受理了离婚和请求确认婚姻无效案件的，对于离婚案件的审理，应当待请求确认婚姻无效案件作出判决后进行。

第十四条 夫妻一方或者双方死亡后，生存一方或者利害关系人依据民法典第一千零五十一条的规定请求确认婚姻无效的，人民法院应当受理。

第十五条 利害关系人依据民法典第一千零五十一条的规定，请求人民法院确认婚姻无效的，利害关系人为原告，婚姻关系当事人双方为被告。

夫妻一方死亡的，生存一方为被告。

第十六条 人民法院审理重婚导致的无效婚姻案件时，涉及财产处理的，应当准许合法婚姻当事人作为有独立请求权的第三人参加诉讼。

第十七条 当事人以民法典第一千零五十一条规定的三种无效婚姻以外的情形请求确认婚姻无效的，人民法院应当判决驳回当事人的诉讼请求。

当事人以结婚登记程序存在瑕疵为由提起民事诉讼，主张撤销结婚登记的，告知其可以依法申请行政复议或者提起行政诉讼。

第十八条　行为人以给另一方当事人或者其近亲属的生命、身体、健康、名誉、财产等方面造成损害为要挟，迫使另一方当事人违背真实意愿结婚的，可以认定为民法典第一千零五十二条所称的"胁迫"。

因受胁迫而请求撤销婚姻的，只能是受胁迫一方的婚姻关系当事人本人。

第十九条　民法典第一千零五十二条规定的"一年"，不适用诉讼时效中止、中断或者延长的规定。

受胁迫或者被非法限制人身自由的当事人请求撤销婚姻的，不适用民法典第一百五十二条第二款的规定。

第二十条　民法典第一千零五十四条所规定的"自始没有法律约束力"，是指无效婚姻或者可撤销婚姻在依法被确认无效或者被撤销时，才确定该婚姻自始不受法律保护。

第二十一条　人民法院根据当事人的请求，依法确认婚姻无效或者撤销婚姻的，应当收缴双方的结婚证书并将生效的判决书寄送当地婚姻登记管理机关。

第二十二条　被确认无效或者被撤销的婚姻，当事人同居期间所得的财产，除有证据证明为当事人一方所有的以外，按共同共有处理。

三、夫妻关系

第二十三条　夫以妻擅自终止妊娠侵犯其生育权为由请求损害赔偿的，人民法院不予支持；夫妻双方因是否生育发生纠纷，致使感情确已破裂，一方请求离婚的，人民法院经调解无效，应依照民法典第一千零七十九条第三款第五项的规定处理。

第二十四条　民法典第一千零六十二条第一款第三项规定的"知识产权的收益"，是指婚姻关系存续期间，实际取得或者已经明确可以取得的财产性收益。

第二十五条　婚姻关系存续期间，下列财产属于民法典第一千零六十二条规定的"其他应当归共同所有的财产"：

（一）一方以个人财产投资取得的收益；

（二）男女双方实际取得或者应当取得的住房补贴、住房公积金；

（三）男女双方实际取得或者应当取得的基本养老金、破产安置补偿费。

第二十六条 夫妻一方个人财产在婚后产生的收益，除孳息和自然增值外，应认定为夫妻共同财产。

第二十七条 由一方婚前承租、婚后用共同财产购买的房屋，登记在一方名下的，应当认定为夫妻共同财产。

第二十八条 一方未经另一方同意出售夫妻共同所有的房屋，第三人善意购买、支付合理对价并已办理不动产登记，另一方主张追回该房屋的，人民法院不予支持。

夫妻一方擅自处分共同所有的房屋造成另一方损失，离婚时另一方请求赔偿损失的，人民法院应予支持。

第二十九条 当事人结婚前，父母为双方购置房屋出资的，该出资应当认定为对自己子女个人的赠与，但父母明确表示赠与双方的除外。

当事人结婚后，父母为双方购置房屋出资的，依照约定处理；没有约定或者约定不明确的，按照民法典第一千零六十二条第一款第四项规定的原则处理。

第三十条 军人的伤亡保险金、伤残补助金、医药生活补助费属于个人财产。

第三十一条 民法典第一千零六十三条规定为夫妻一方的个人财产，不因婚姻关系的延续而转化为夫妻共同财产。但当事人另有约定的除外。

第三十二条 婚前或者婚姻关系存续期间，当事人约定将一方所有的房产赠与另一方或者共有，赠与方在赠与房产变更登记之前撤销赠与，另一方请求判令继续履行的，人民法院可以按照民法典第六百五十八条的规定处理。

第三十三条 债权人就一方婚前所负个人债务向债务人的配偶主张权利的，人民法院不予支持。但债权人能够证明所负债务用于婚后家庭共同生活的除外。

第三十四条　夫妻一方与第三人串通，虚构债务，第三人主张该债务为夫妻共同债务的，人民法院不予支持。

夫妻一方在从事赌博、吸毒等违法犯罪活动中所负债务，第三人主张该债务为夫妻共同债务的，人民法院不予支持。

第三十五条　当事人的离婚协议或者人民法院生效判决、裁定、调解书已经对夫妻财产分割问题作出处理的，债权人仍有权就夫妻共同债务向男女双方主张权利。

一方就夫妻共同债务承担清偿责任后，主张由另一方按照离婚协议或者人民法院的法律文书承担相应债务的，人民法院应予支持。

第三十六条　夫或者妻一方死亡的，生存一方应当对婚姻关系存续期间的夫妻共同债务承担清偿责任。

第三十七条　民法典第一千零六十五条第三款所称"相对人知道该约定的"，夫妻一方对此负有举证责任。

第三十八条　婚姻关系存续期间，除民法典第一千零六十六条规定情形以外，夫妻一方请求分割共同财产的，人民法院不予支持。

四、父母子女关系

第三十九条　父或者母向人民法院起诉请求否认亲子关系，并已提供必要证据予以证明，另一方没有相反证据又拒绝做亲子鉴定的，人民法院可以认定否认亲子关系一方的主张成立。

父或者母以及成年子女起诉请求确认亲子关系，并提供必要证据予以证明，另一方没有相反证据又拒绝做亲子鉴定的，人民法院可以认定确认亲子关系一方的主张成立。

第四十条　婚姻关系存续期间，夫妻双方一致同意进行人工授精，所生子女应视为婚生子女，父母子女间的权利义务关系适用民法典的有关规定。

第四十一条　尚在校接受高中及其以下学历教育，或者丧失、部分丧失劳动能力等非因主观原因而无法维持正常生活的成年子女，可以认定为民法典第一千零六十七条规定的"不能独立生活的成年子女"。

第四十二条　民法典第一千零六十七条所称"抚养费"，包括子女生活费、教育费、医疗费等费用。

第四十三条　婚姻关系存续期间，父母双方或者一方拒不履行抚养子女义务，未成年子女或者不能独立生活的成年子女请求支付抚养费的，人民法院应予支持。

第四十四条　离婚案件涉及未成年子女抚养的，对不满两周岁的子女，按照民法典第一千零八十四条第三款规定的原则处理。母亲有下列情形之一，父亲请求直接抚养的，人民法院应予支持：

（一）患有久治不愈的传染性疾病或者其他严重疾病，子女不宜与其共同生活；

（二）有抚养条件不尽抚养义务，而父亲要求子女随其生活；

（三）因其他原因，子女确不宜随母亲生活。

第四十五条　父母双方协议不满两周岁子女由父亲直接抚养，并对子女健康成长无不利影响的，人民法院应予支持。

第四十六条　对已满两周岁的未成年子女，父母均要求直接抚养，一方有下列情形之一的，可予优先考虑：

（一）已做绝育手术或者因其他原因丧失生育能力；

（二）子女随其生活时间较长，改变生活环境对子女健康成长明显不利；

（三）无其他子女，而另一方有其他子女；

（四）子女随其生活，对子女成长有利，而另一方患有久治不愈的传染性疾病或者其他严重疾病，或者有其他不利于子女身心健康的情形，不宜与子女共同生活。

第四十七条　父母抚养子女的条件基本相同，双方均要求直接抚养子女，但子女单独随祖父母或者外祖父母共同生活多年，且祖父母或者外祖父母要求并且有能力帮助子女照顾孙子女或者外孙子女的，可以作为父或者母直接抚养子女的优先条件予以考虑。

第四十八条　在有利于保护子女利益的前提下，父母双方协议轮流直接抚养子女的，人民法院应予支持。

第四十九条　抚养费的数额，可以根据子女的实际需要、父母双方的负担能力和当地的实际生活水平确定。

有固定收入的，抚养费一般可以按其月总收入的百分之二十至三十的比例给付。负担两个以上子女抚养费的，比例可以适当提高，但一般不得超过月总收入的百分之五十。

无固定收入的，抚养费的数额可以依据当年总收入或者同行业平均收入，参照上述比例确定。

有特殊情况的，可以适当提高或者降低上述比例。

第五十条　抚养费应当定期给付，有条件的可以一次性给付。

第五十一条　父母一方无经济收入或者下落不明的，可以用其财物折抵抚养费。

第五十二条　父母双方可以协议由一方直接抚养子女并由直接抚养方负担子女全部抚养费。但是，直接抚养方的抚养能力明显不能保障子女所需费用，影响子女健康成长的，人民法院不予支持。

第五十三条　抚养费的给付期限，一般至子女十八周岁为止。

十六周岁以上不满十八周岁，以其劳动收入为主要生活来源，并能维持当地一般生活水平的，父母可以停止给付抚养费。

第五十四条　生父与继母离婚或者生母与继父离婚时，对曾受其抚养教育的继子女，继父或者继母不同意继续抚养的，仍应由生父或者生母抚养。

第五十五条　离婚后，父母一方要求变更子女抚养关系的，或者子女要求增加抚养费的，应当另行提起诉讼。

第五十六条　具有下列情形之一，父母一方要求变更子女抚养关系的，人民法院应予支持：

（一）与子女共同生活的一方因患严重疾病或者因伤残无力继续抚养子女；

（二）与子女共同生活的一方不尽抚养义务或有虐待子女行为，或者其与子女共同生活对子女身心健康确有不利影响；

（三）已满八周岁的子女，愿随另一方生活，该方又有抚养能力；

（四）有其他正当理由需要变更。

第五十七条　父母双方协议变更子女抚养关系的，人民法院应予支持。

第五十八条　具有下列情形之一，子女要求有负担能力的父或者母增加抚养费的，人民法院应予支持：

（一）原定抚养费数额不足以维持当地实际生活水平；

（二）因子女患病、上学，实际需要已超过原定数额；

（三）有其他正当理由应当增加。

第五十九条　父母不得因子女变更姓氏而拒付子女抚养费。父或者母擅自将子女姓氏改为继母或继父姓氏而引起纠纷的，应当责令恢复原姓氏。

第六十条　在离婚诉讼期间，双方均拒绝抚养子女的，可以先行裁定暂由一方抚养。

第六十一条　对拒不履行或者妨害他人履行生效判决、裁定、调解书中有关子女抚养义务的当事人或者其他人，人民法院可依照民事诉讼法第一百一十一条的规定采取强制措施。

五、离婚

第六十二条　无民事行为能力人的配偶有民法典第三十六条第一款规定行为，其他有监护资格的人可以要求撤销其监护资格，并依法指定新的监护人；变更后的监护人代理无民事行为能力一方提起离婚诉讼的，人民法院应予受理。

第六十三条　人民法院审理离婚案件，符合民法典第一千零七十九条第三款规定"应当准予离婚"情形的，不应当因当事人有过错而判决不准离婚。

第六十四条　民法典第一千零八十一条所称的"军人一方有重大过错"，可以依据民法典第一千零七十九条第三款前三项规定及军人有其他重大过错导致夫妻感情破裂的情形予以判断。

第六十五条　人民法院作出的生效的离婚判决中未涉及探望权，当事人就探望权问题单独提起诉讼的，人民法院应予受理。

第六十六条 当事人在履行生效判决、裁定或者调解书的过程中，一方请求中止探望的，人民法院在征询双方当事人意见后，认为需要中止探望的，依法作出裁定；中止探望的情形消失后，人民法院应当根据当事人的请求书面通知其恢复探望。

第六十七条 未成年子女、直接抚养子女的父或者母以及其他对未成年子女负担抚养、教育、保护义务的法定监护人，有权向人民法院提出中止探望的请求。

第六十八条 对于拒不协助另一方行使探望权的有关个人或者组织，可以由人民法院依法采取拘留、罚款等强制措施，但是不能对子女的人身、探望行为进行强制执行。

第六十九条 当事人达成的以协议离婚或者到人民法院调解离婚为条件的财产以及债务处理协议，如果双方离婚未成，一方在离婚诉讼中反悔的，人民法院应当认定该财产以及债务处理协议没有生效，并根据实际情况依照民法典第一千零八十七条和第一千零八十九条的规定判决。

当事人依照民法典第一千零七十六条签订的离婚协议中关于财产以及债务处理的条款，对男女双方具有法律约束力。登记离婚后当事人因履行上述协议发生纠纷提起诉讼的，人民法院应当受理。

第七十条 夫妻双方协议离婚后就财产分割问题反悔，请求撤销财产分割协议的，人民法院应当受理。

人民法院审理后，未发现订立财产分割协议时存在欺诈、胁迫等情形的，应当依法驳回当事人的诉讼请求。

第七十一条 人民法院审理离婚案件，涉及分割发放到军人名下的复员费、自主择业费等一次性费用的，以夫妻婚姻关系存续年限乘以年平均值，所得数额为夫妻共同财产。

前款所称年平均值，是指将发放到军人名下的上述费用总额按具体年限均分得出的数额。其具体年限为人均寿命七十岁与军人入伍时实际年龄的差额。

第七十二条　夫妻双方分割共同财产中的股票、债券、投资基金份额等有价证券以及未上市股份有限公司股份时，协商不成或者按市价分配有困难的，人民法院可以根据数量按比例分配。

第七十三条　人民法院审理离婚案件，涉及分割夫妻共同财产中以一方名义在有限责任公司的出资额，另一方不是该公司股东的，按以下情形分别处理：

（一）夫妻双方协商一致将出资额部分或者全部转让给该股东的配偶，其他股东过半数同意，并且其他股东均明确表示放弃优先购买权的，该股东的配偶可以成为该公司股东；

（二）夫妻双方就出资额转让份额和转让价格等事项协商一致后，其他股东半数以上不同意转让，但愿意以同等条件购买该出资额的，人民法院可以对转让出资所得财产进行分割。其他股东半数以上不同意转让，也不愿意以同等条件购买该出资额的，视为其同意转让，该股东的配偶可以成为该公司股东。

用于证明前款规定的股东同意的证据，可以是股东会议材料，也可以是当事人通过其他合法途径取得的股东的书面声明材料。

第七十四条　人民法院审理离婚案件，涉及分割夫妻共同财产中以一方名义在合伙企业中的出资，另一方不是该企业合伙人的，当夫妻双方协商一致，将其合伙企业中的财产份额全部或者部分转让给对方时，按以下情形分别处理：

（一）其他合伙人一致同意的，该配偶依法取得合伙人地位；

（二）其他合伙人不同意转让，在同等条件下行使优先购买权的，可以对转让所得的财产进行分割；

（三）其他合伙人不同意转让，也不行使优先购买权，但同意该合伙人退伙或者削减部分财产份额的，可以对结算后的财产进行分割；

（四）其他合伙人既不同意转让，也不行使优先购买权，又不同意该合伙人退伙或者削减部分财产份额的，视为全体合伙人同意转让，该配偶依法取得合伙人地位。

第七十五条　夫妻以一方名义投资设立个人独资企业的，人民法院分割夫妻在该个人独资企业中的共同财产时，应当按照以下情形分别处理：

（一）一方主张经营该企业的，对企业资产进行评估后，由取得企业资产所有权一方给予另一方相应的补偿；

（二）双方均主张经营该企业的，在双方竞价基础上，由取得企业资产所有权的一方给予另一方相应的补偿；

（三）双方均不愿意经营该企业的，按照《中华人民共和国个人独资企业法》等有关规定办理。

第七十六条　双方对夫妻共同财产中的房屋价值及归属无法达成协议时，人民法院按以下情形分别处理：

（一）双方均主张房屋所有权并且同意竞价取得的，应当准许；

（二）一方主张房屋所有权的，由评估机构按市场价格对房屋作出评估，取得房屋所有权的一方应当给予另一方相应的补偿；

（三）双方均不主张房屋所有权的，根据当事人的申请拍卖、变卖房屋，就所得价款进行分割。

第七十七条　离婚时双方对尚未取得所有权或者尚未取得完全所有权的房屋有争议且协商不成的，人民法院不宜判决房屋所有权的归属，应当根据实际情况判决由当事人使用。

当事人就前款规定的房屋取得完全所有权后，有争议的，可以另行向人民法院提起诉讼。

第七十八条　夫妻一方婚前签订不动产买卖合同，以个人财产支付首付款并在银行贷款，婚后用夫妻共同财产还贷，不动产登记于首付款支付方名下的，离婚时该不动产由双方协议处理。

依前款规定不能达成协议的，人民法院可以判决该不动产归登记一方，尚未归还的贷款为不动产登记一方的个人债务。双方婚后共同还贷支付的款项及其相对应财产增值部分，离婚时应根据民法典第一千零八十七条第一款规定的原则，由不动产登记一方对另一方进行补偿。

第七十九条 婚姻关系存续期间，双方用夫妻共同财产出资购买以一方父母名义参加房改的房屋，登记在一方父母名下，离婚时另一方主张按照夫妻共同财产对该房屋进行分割的，人民法院不予支持。购买该房屋时的出资，可以作为债权处理。

第八十条 离婚时夫妻一方尚未退休、不符合领取基本养老金条件，另一方请求按照夫妻共同财产分割基本养老金的，人民法院不予支持；婚后以夫妻共同财产缴纳基本养老保险费，离婚时一方主张将养老金账户中婚姻关系存续期间个人实际缴纳部分及利息作为夫妻共同财产分割的，人民法院应予支持。

第八十一条 婚姻关系存续期间，夫妻一方作为继承人依法可以继承的遗产，在继承人之间尚未实际分割，起诉离婚时另一方请求分割的，人民法院应当告知当事人在继承人之间实际分割遗产后另行起诉。

第八十二条 夫妻之间订立借款协议，以夫妻共同财产出借给一方从事个人经营活动或者用于其他个人事务的，应视为双方约定处分夫妻共同财产的行为，离婚时可以按照借款协议的约定处理。

第八十三条 离婚后，一方以尚有夫妻共同财产未处理为由向人民法院起诉请求分割的，经审查该财产确属离婚时未涉及的夫妻共同财产，人民法院应当依法予以分割。

第八十四条 当事人依据民法典第一千零九十二条的规定向人民法院提起诉讼，请求再次分割夫妻共同财产的诉讼时效期间为三年，从当事人发现之日起计算。

第八十五条 夫妻一方申请对配偶的个人财产或者夫妻共同财产采取保全措施的，人民法院可以在采取保全措施可能造成损失的范围内，根据实际情况，确定合理的财产担保数额。

第八十六条 民法典第一千零九十一条规定的"损害赔偿"，包括物质损害赔偿和精神损害赔偿。涉及精神损害赔偿的，适用《最高人民法院关于确定民事侵权精神损害赔偿责任若干问题的解释》的有关规定。

第八十七条 承担民法典第一千零九十一条规定的损害赔偿责任的主体，为离婚诉讼当事人中无过错方的配偶。

人民法院判决不准离婚的案件，对于当事人基于民法典第一千零九十一条提出的损害赔偿请求，不予支持。

在婚姻关系存续期间，当事人不起诉离婚而单独依据民法典第一千零九十一条提起损害赔偿请求的，人民法院不予受理。

第八十八条 人民法院受理离婚案件时，应当将民法典第一千零九十一条等规定中当事人的有关权利义务，书面告知当事人。在适用民法典第一千零九十一条时，应当区分以下不同情况：

（一）符合民法典第一千零九十一条规定的无过错方作为原告基于该条规定向人民法院提起损害赔偿请求的，必须在离婚诉讼的同时提出。

（二）符合民法典第一千零九十一条规定的无过错方作为被告的离婚诉讼案件，如果被告不同意离婚也不基于该条规定提起损害赔偿请求的，可以就此单独提起诉讼。

（三）无过错方作为被告的离婚诉讼案件，一审时被告未基于民法典第一千零九十一条规定提出损害赔偿请求，二审期间提出的，人民法院应当进行调解；调解不成的，告知当事人另行起诉。双方当事人同意由第二审人民法院一并审理的，第二审人民法院可以一并裁判。

第八十九条 当事人在婚姻登记机关办理离婚登记手续后，以民法典第一千零九十一条规定为由向人民法院提出损害赔偿请求的，人民法院应当受理。但当事人在协议离婚时已经明确表示放弃该项请求的，人民法院不予支持。

第九十条 夫妻双方均有民法典第一千零九十一条规定的过错情形，一方或者双方向对方提出离婚损害赔偿请求的，人民法院不予支持。

六、附则

第九十一条 本解释自 2021 年 1 月 1 日起施行。

图书在版编目(CIP)数据

民法典与日常生活.家庭篇/王康主编.—上海：
上海人民出版社,2024
ISBN 978 - 7 - 208 - 18444 - 2

Ⅰ.①民… Ⅱ.①王… Ⅲ.①民法-法典-中国-学
习参考资料 ②亲属法-中国-学习参考资料 Ⅳ.
①D923.04

中国国家版本馆 CIP 数据核字(2023)第 141731 号

责任编辑 冯 静
封面设计 一本好书

民法典与日常生活·家庭篇
王 康 主编 李 恒 副主编

出　　版　上海人民出版社
　　　　　(201101 上海市闵行区号景路 159 弄 C 座)
发　　行　上海人民出版社发行中心
印　　刷　苏州工业园区美柯乐制版印务有限责任公司
开　　本　635×965 1/16
印　　张　13
插　　页　6
字　　数　205,000
版　　次　2024 年 1 月第 1 版
印　　次　2024 年 1 月第 1 次印刷
ISBN 978 - 7 - 208 - 18444 - 2/D·4173

定　　价　68.00 元

上海人民出版社·独角兽

阅读,不止于法律,更多精彩书讯,敬请关注:

微信公众号　　　　微博号　　　　视频号